Noscilene Santos

COACHING para Autogestão

Mais de **40** exercícios
e modelos selecionados para
apoiar o líder em seus desafios

São Paulo, 2019
www.dvseditora.com.br

Noscilene Santos

COACHING
para
Autogestão

Mais de **40** exercícios
e modelos selecionados para
apoiar o líder em seus desafios

Inclui capítulo sobre Constelações Sistêmicas Estruturais

COACHING
para **Autogestão**

Copyright© DVS Editora Ltda 2019
Todos os direitos para a língua portuguesa reservados pela editora.

Nenhuma parte dessa publicação poderá ser reproduzida, guardada pelo sistema "retrieval" ou transmitida de qualquer modo ou por qualquer outro meio, seja este eletrônico, mecânico, de fotocópia, de gravação, ou outros, sem prévia autorização, por escrito, da editora.

Capa: Spazio Publicidade e Propaganda
Revisão: Ivani Tenório Rezende de Carvalho
Diagramação: Schaffer Editorial

Dados Internacionais de Catalogação na Publicação (CIP)
(Câmara Brasileira do Livro, SP, Brasil)

Santos, Noscilene
   Coaching para autogestão : mais de 40 exercícios e modelos selecionados para apoiar o líder em seus desafios / Noscilene Santos. -- São Paulo : DVS Editora, 2019.

   "Inclui um capítulo sobre constelações sistêmicas estruturais".
   ISBN 978-85-8289-212-1

   1. Autoconhecimento 2. Autogestão 3. Coaching 4. Realização pessoal I. Título.

19-25018   CDD-158.1

Índices para catálogo sistemático:

1. Autogestão : Coaching : Psicologia aplicada
   158.1

Iolanda Rodrigues Biode - Bibliotecária - CRB-8/10014

Seja a mudança que deseja ver no mundo.
Gandhi

Dedico este livro aos amores de minha vida, fontes de inspiração Ana Carolina, Ana Beatriz, Daiany, Frederico, Gustavo, Juninho, Raiany, Raissa, Tiago e Vanessa, a nova linhagem da família que tem desejos e anseios típicos de suas gerações.

É um grande previlégio conviver com as novas gerações! Elas nos ensinam a enxergar o mundo sob outro prisma, com menos apegos e mais antenados com as tecnologias. São jovens apressados, é verdade, querem resultados rápidos, mas não abrem mão da qualidade de vida. Eu os admiro e me renovo com eles, afinal estamos vivendo a 4a Revolução Industrial, temos muito a aprender uns com os outros.

Agradecimentos

O meu muito obrigada a Ana Maria Moreira de Paula e Iraceles Maria Pires que leram e comentaram dois textos, oferecendo-me insights para torná-los mais claros.

Especial agradecimento a Ivani Tenório Rezende de Carvalho, revisora e entusiasta, que além das correções, fez observações pertinentes contribuindo, dessa forma, para o aprimoramento do conteúdo.

Expresso o meu respeito e carinho à DVS Editora que não mede esforços para atender aos desejos do autor. Eu me sinto acolhida e muito feliz por ter o segundo livro publicado e distribuído por esta Editora.

Caro Paulo Roberto Pereira da Costa, sou grata pelos seus conselhos.

Agradeço a você leitor, por ter adquirido o livro.

Sumário

Agradecimentos... 9

Prefácio 15

Capítulo 1 – Autogestão pessoal – cuidando de si antes que seja tarde 17

Capítulo 2 – Evolução em liderança 21
    Coaching: um novo estilo de liderar na indústria 4.0. 21

Capítulo 3 – Fundamentos do *Coaching* 25
    Estrutura do *Coaching* 25
    Coaching 26
    Coach 27
    Coachee ou cliente... 28
    Origem e desenvolvimento da palavra *Coach*. 28
    Origem e desenvolvimento da metodologia...................... 29
    Modalidades do *Coaching* 30
    Coaching e outras abordagens – sensível diferença 31
    Síntese 32

Capítulo 4 – Líder-*Coach*: diferencial em liderança 33
    Benefícios do modelo *Coaching* 34
    Adaptando-se às mudanças 35
    Liderança no modelo *Coaching*: uma escolha..................... 36
    Sobre PNL – Programação Neurolinguístico 38
    O Líder e o *Coach*... 39
    Modelo *Coaching* – Estilo refinado de liderança 41
    Desafios do Líder-*Coach* 41

    Pontos favoráveis 41
    Pontos críticos 42
    Síntese – Líder-*Coach* 42

Capítulo 5 – Mapas de Autoavaliação 45
    MAAV – Mapa de Autoavaliação das Áreas da Vida 46
    MAAC – Mapa de Autoavaliação das Competências 53
    MAFIN – Mapa de Autoavaliação Financeira 64
    Parâmetros de Sustentabilidade e o Líder-*Coach* 71

Capítulo 6 – Comunicação 77
    Tipos de *Rapport* 79
    Rapport na prática 85
    Filtros universais da experiência 86
    Comunicar por meio dos SISTEMAS REPRESENTACIONAIS .. 90
    Decifrando os perfis dos sistemas V.A.C. 96
    "Os olhos são as janelas da Alma" 99
    A arte da Escuta Ativa 102

Capítulo 7 – O Despertar do Curioso –
    A arte de elaborar perguntas poderosas 113
    O Metamodelo – PNL 115
    O segredo das PERGUNTAS PODEROSAS 118

Capítulo 8 – Dar e receber *Feedback* –
    Para desenvolver uma carreira de excelência 125
    Como aplicar *Feedback* eficaz? 126
    Modelo de *Feedback* 129
    Preparar o *Feedback* 131
    Preparar-se para oferecer o *Feedback* 131

Capítulo 9 – Desenvolvendo a inteligência emocional ... 133

Capítulo 10 – Delegar e obter resultados 141

Capítulo 11 – Planejamento Criativo 145
    Especificação de objetivos no modelo SMART 149

Capítulo 12 – O Tempo como aliado 153

Capítulo 13 – Desenvolver Liderança. 161
    Desenvolver Líderes por meio da MODELAGEM 166

Capítulo 14 – Temperamentos 175

Capítulo 15 – Definindo a Missão de Vida. 179

Capítulo 16 – As fases do *Coaching* sob o olhar do Líder-*Coach*. 185

Capítulo 17 – Alinhamento Pessoal. 191

Capítulo 18 – *Self Coaching –*
    Afinal, para que mudar o que está funcionando?. 195
    Self Coaching é autodesenvolvimento 196
    Exercícios para concentração 197
    O Processo de *Self Coaching* 199
    Plano de ação 203
    Conclusão 206

Capítulo 19 – Constelações Sistêmicas Estruturais 209
    Princípios Sistêmicos 212
    Constelações Estruturais e o *Coaching* 213

Considerações gerais. 215
    Pressupostos do *Coaching*. 216

Glossário 217

Bibliografia Consultada. 221

Prefácio

Noscilene Santos, com esta obra, vai apresentar ao leitor ferramentas importantes e diferenciadas para a melhoria do líder de maneira geral. Quando falamos de líder, logo nos vem à mente o planejamento, a implantação e o acompanhamento que, de certa forma, nos permite agir para alcançar os melhores resultados, quer estejamos falando de empresas, entidades sem fins lucrativos, órgãos governamentais e, por que não, da nossa própria carreira, da nossa própria pessoa.

Grande parte dos fracassos que hoje em dia ocorrem na liderança das pessoas são consequências da falta de seu conhecimento interior, do próprio conhecimento, do não entendimento das virtudes e defeitos, até para corrigi-los, alguns deles projetados indevidamente nas pessoas do nosso grupo, da empresa, sem o perfeito entendimento das consequências.

A autora, com propriedade, através do *Coaching*, faz-nos entender melhor como somos e o que precisamos ajustar em nossa conduta para nos tornarmos verdadeiros líderes, que busquem o melhor resultado para as pessoas do grupo, pois somente desta forma conseguiremos resultados efetivos para as nossas empresas, negócios, incluindo governos.

A partir da conceituação do que seja *Coaching*, do Diferencial em Liderança que podemos atingir com esta ferramenta, do próprio Mapa de Autoavaliação, passando pelo Planejamento Criativo, e por que não do desenvolvimento da Inteligência Emocional, vai permitir que o leitor construa, em si mesmo, o novo líder, preocupado com a transparência, com o desenvolvimento do próximo.

Como disse Alexandre Havard: "A liderança não é apenas aquilo que podemos imaginar de forma superficial. .... Sem dúvida, trata-se de talentos e qualidades que devem ser aproveitados ao máximo, mas nenhum deles constitui a essência da liderança. A essência da liderança é o caráter". Como disse o pai da administração moderna, Peter Drucker: "É através do caráter que se exerce a liderança".

Portanto, mais do que nunca, no mundo atual, torna-se necessário nos conhecermos melhor para podermos liderar de forma eficiente e consequente, atingindo assim as necessidades de um verdadeiro líder em nossos dias, um líder que faça a diferença em nossas empresas, enfim na sociedade.

Mais de 40 exercícios e modelos são apresentados pela Noscilene neste trabalho, ajudando o leitor, de maneira definitiva, na autoconstrução de um novo líder, de uma nova liderança, tão necessárias e requeridas em nossos dias.

Não menos importante, devo salientar, a Noscilene tem experiência consagrada em *Coaching*, tendo apoiado dezenas de profissionais a atingirem os resultados previamente estabelecidos, tornando as pessoas em verdadeiros líderes.

O convite da Noscilene para prefaciar o seu livro, me fez sentir muito honrado. Com certeza, ajudará todos aqueles que queiram melhorar a sua liderança neste mundo tão competitivo, mas muito carente dos verdadeiros líderes, aqueles que querem realmente construir indivíduos melhores, nossas empresas melhores, nossos governos melhores.

"Se quiseres construir um mundo melhor,
construa primeiro o seu caráter".

Roberto Vertamatti
PhD em Administração, economista, contador,
professor em pós-graduação e consultor de empresas.
rvertamatti@uol.com.br

Capítulo 1
Autogestão pessoal – cuidando de si antes que seja tarde

> *É durante as fases de maior adversidade que surgem as grandes oportunidades de se fazer o bem a si mesmo e aos outros.*
>
> Dalai Lama

Outro dia Laila, minha amiga, contou-me que descobriu o significado de autogestão de maneira traumática. Não o conceito propriamente dito, em que os colaboradores são capazes de administrar os próprios processos de trabalho sem a necessária intervenção de um gestor. Isso ela sabia muito bem. Mas fazer a gestão da própria vida veio à tona quando um acidente na estrada, tarde da noite, quase a tirou de cena.

Foi em 2014. Naquela noite ela voltava para casa, após visitar uma das filiais da empresa, localizada a cem quilômetros de São Paulo, para solucionar um problema complexo que afetava um dos principais clientes. A reunião se estendeu além do previsto. Apesar do horário avançado e dos colegas sugerirem o pernoite por lá, Laila nem deu ouvidos a eles, pois sempre se achou a supermulher, capaz de virar vinte e quatro horas trabalhando sem se abalar.

Despediu-se dos colegas e seguiu para o estacionamento. Já posicionada para iniciar o trajeto, com cinto de segurança travado e a chave no contato, deu a partida. O trânsito estava tranquilo naquele horário. Em poucos minutos, ela acessou à rodovia dos Bandeirantes, uma estrada segura com limite de velocidade a 120 km por hora. Calculou que estaria em casa até 22h30. Portanto, não viu necessidade de avisar Marcus, seu marido, assim evitaria preocupações.

Ela dirigia no limite da velocidade, reduziu ao se aproximar do primeiro pedágio. Só que, ao atravessar pela cabine automática, foi como se estivesse entrando em um túnel. Mas não há túneis na Bandeirantes. O apagão de memória começou ali – deduziu. O acidente aconteceu a menos de um quilômetro do pedágio. O socorro chegou rápido. Os socorristas abriram a porta do carro e a retiraram, ainda zonza e sem noção de como tudo aconteceu.

"*Por instantes* – ela disse – *rodou um filme em minha mente, eu poderia ter morrido. Marcus vive implorando para que eu reduza o ritmo acelerado de trabalho, mas nunca dei bola, só agora percebo o quanto tenho sido negligente. Chega!*".

Apesar da reflexão, ela resistia a entrar na ambulância. Na cabeça dela, os médicos sempre encontram problemas onde não existem. Sentia-se bem. Bastava acionar o seguro ou ligar para o marido e logo estaria em casa. Na realidade, ela tentava esconder o medo do que de pior poderia ter acontecido – confidenciou-me. Nos resultados dos últimos exames de laboratório, o médico a alertou sobre colesterol alto, pequenos nódulos na tireoide e outros probleminhas que pediam cuidados e ela nada fez para mudar a rotina. "*Marcus tem razão, não sou a supermulher, sou humana. Preciso mudar o ritmo. Mas sozinha não serei capaz*".

No hospital, o médico a examinou e fez várias perguntas. Ela contou a verdade: "*Dias atrás, enquanto eu me arrumava para ir ao trabalho, as vistas escureceram e eu quase fui ao chão, mas passou rápido, então não me preocupei em ir ao médico*". Depois perguntou há quanto tempo ela não tirava férias. "*Se considerar que entre o Natal e o Ano-Novo e outros dias durante o ano são férias, faço isso regularmente*" – respondeu.

O médico pediu vários exames e falou sobre a importância de fazê-los com urgência. Determinou que ela ficasse em observação por aquela noite. Ela acatou sem retrucar. De novo sentiu medo, os exames poderiam acusar doença grave. O doutor se despediu dizendo que voltaria pela manhã.

Em seguida, Laila pegou o celular e falou com o marido, posicionando-o sobre o acidente. Ele quis ir vê-la de imediato, mas ela o convenceu a ficar em casa com as crianças. Garantiu que se sentia bem. "*Este acidente realmente mexeu comigo* – murmurava – *Como pude ser tão rude e não escutar as pessoas que me amam e sempre me alertaram sobre as consequências do estresse?*".

Laila finalmente acordou para a vida e resolveu adotar novos hábitos. Entendeu que isso só dependia dela.

Esse é o grande segredo sobre mudar comportamentos: a pessoa precisa tomar consciência por si. Nenhuma outra pessoa tem o poder de mudar a quem não enxerga a necessidade de mudanças.

A história de Laila é um alerta a todos aqueles que se acham insubstituíveis, ou até mesmo imortais. As decisões pessoais devem ser tomadas antes que se tornem críticas. Laila, por exemplo, precisou ver a morte de perto para decidir viver. Ela buscou ajuda na psicoterapia e contratou um processo de *Coaching* para reorganizar a vida pessoal e profissional.

Daniel Goleman, autor de *Inteligência Emocional*, defende a autogestão como um dos passos primordiais para se alcançar a inteligência emocional no trabalho e na vida pessoal.

Valor agregado

Nas próximas páginas, você vai conhecer aspectos da liderança que exigem muita atenção do líder, em especial na gestão de pessoas. E o *Coaching* é um dos instrumentos essenciais para a autogestão, além de ser um poderoso método para auxiliar no desenvolvimento da equipe.

Este livro pode ser considerado um Manual prático de *Coaching*, em que o leitor exercitará as técnicas consigo e aplicará a metodologia *coaching* em suas atividades profissionais.

Os exercícios selecionados são de caráter transformadores para quem busca equilíbrio pessoal e profissional, deseja exercer uma liderança humanizada e obter resultados efetivos.

Ao final da leitura e da prática regular, o leitor vai aprender a:

- Avaliar as competências individuais e traçar o plano de desenvolvimento pessoal e para a equipe.

- Equilibrar os principais Pilares da Vida pessoal e profissional.
- Identificar os perfis comportamentais da equipe e adotar as melhores estratégias de comunicação.
- Refletir sobre os parâmetros de Sustentabilidade.
- Fazer alinhamento pessoal e profissional.

Como o livro está organizado?

Tomei por base a minha experiência pessoal em liderança, mais de vinte anos dedicados ao mercado financeiro, aliada ao conhecimento acadêmico e especializações em temas relativos ao comportamento humano. Selecionei um conjunto de exercícios e conceitos essenciais para o autoconhecimento, autogestão e gestão de pessoas.

Figura 1 – Autogestão

Coaching para Autogestão		
Autoavaliações	**Comunicação**	**Perguntas**
Pessoal	Rapport	Abertas
Profissional	Linguagem	Fechadas
Financeiro	Escuta ativa	Reflexivas
Feedback	Inteligência Emocional	Delegação
Planejamento criativo	Gestão do Tempo	Desenvolvimento de Liderança
Temperamentos	Missão e Visão	Fases do Coaching

Capítulo 2
Evolução em liderança

Coaching: um novo estilo de liderar na indústria 4.0

O cenário econômico atual, visto como VUCA*, acrônimo que define Volatilidade, Incerteza, Complexidade e Ambiguidade, exige um novo estilo de liderança: um líder capaz de mover as pessoas e o mundo para solucionar, rapidamente, os problemas complexos, já que as mudanças frequentes e velozes trazem com elas situações desafiadoras no contexto de negócios e de gestão. O quanto as pessoas e as organizações estão preparadas para enfrentarem, com maestria, os desafios dessa quarta revolução industrial?

Tem-se falado muito sobre as consequências do emprego nessa quarta revolução industrial, prevendo-se que, em curto espaço de tempo, as máquinas substituirão o humano em inúmeras atividades em razão da

---

* V.U.C.A – Mundo VUCA, do inglês *Volatile, Uncertain, Complex* e *Ambiguous* e aportuguesado para VICA (Volátil, Incerto, Complexo e Ambíguo), é um conceito criado nos anos 1990 para descrever a dinâmica que passou a reger os acontecimentos no mundo, cheia de transformações e desafios em relação aos paradigmas até então definidos.
O conceito foi importado para a área de negócios após a crise financeira global e em função do caráter disruptivo da nova economia (impulsionado principalmente pela tecnologia) que trouxe novos modelos de negócios (Uber e Airbnb versus serviços de táxis e hotéis são exemplos clássicos), mudanças na cultura (Economia Compartilhada, *Human Economy, Gig Economy*) e na hierarquia das empresas (Gestão Horizontal, Cocriação, Holocracia, Liderança Criativa, Empresa Líquida). Fonte: https://projetodraft.com/verbete-draft-o-que-e-mundo-vuca/

robótica avançada. Anuncia-se o desaparecimento de determinadas profissões, motoristas, por exemplo, com a chegada dos carros autônomos. Por outro lado, essa mudança no mundo do trabalho abrirá espaço para novas especialidades. Existem habilidades humanas que ainda não estão ao alcance dos robôs. Portanto, há oportunidades de desenvolvimento.

O momento requer especial atenção ao capital humano. Líderes e respectivas organizações devem se dedicar, com prioridade, às pessoas. É fundamental compreender como elas funcionam, o que pensam e sentem. Independente da geração a qual pertencem, as pessoas têm estilo próprio, visão e expectativas em relação às suas atividades profissionais. E, para potencializar as habilidades de liderança com esse enfoque, o modelo *coaching* atende às necessidades do gestor, disponibilizando ferramentas para autogestão e gestão de pessoas.

Não é novidade que uma das responsabilidades do líder é facilitar o desenvolvimento da equipe, devendo observar cada colaborador, individualmente, tendo-se em mente que uma equipe é formada por diferentes perfis. Cada pessoa tem uma história de vida e atua conforme as crenças e valores aprendidos. A combinação desse conjunto de características diferenciadas, ajustadas sob o olhar atendo do líder, resultará em um time de alto desempenho.

Aprofundando um pouco mais sobre a preparação de pessoas para liderar nesse ambiente caótico, uma estratégia que defendo é o autoconhecimento. Este é um dos benefícios da metodologia *coaching*, que instiga o *coachee* a encontrar as respostas dentro de si. Nessa jornada, tornam-se evidentes as habilidades já consolidadas, além de apontar outras a serem desenvolvidas, assim como reconhece os bons comportamentos e aqueles a serem mudados.

Sabe-se que o mercado tem novas demandas. Portanto, cabe ao profissional planejar a carreira, perceber o quanto está alinhado às competências exigidas.

Veja a seguir parte das competências destacadas como essenciais na indústria 4.0. Você está preparado para atender às expectativas do mercado?

- Flexibilidade cognitiva – Pode-se definir como a capacidade de encontrar repostas alternativas para a mesma situação, usando diferentes perspectivas; ter facilidade para mudar e promover mudanças.
- Pensamento crítico – Saber usar a lógica e a racionalização para identificar forças e fraquezas de soluções alternativas, conclusões e abordagens a problemas.
- Orientação para servir – Forte habilidade exigida no trabalho em equipe. Significa adaptação e disposição para ser parte de um sistema; as pessoas envolvidas devem expor ideias, escutar uns aos outros com flexibilidade para delegar e aceitar delegações.
- Inteligência emocional – Observar as próprias emoções e entender as emoções dos outros; ter a capacidade de controlar a impulsividade e agir de modo adequado ao contexto.
- Gestão de pessoas – Capacidade de despertar a motivação nas pessoas, identificar talentos, facilitar o desenvolvimento profissional, mantendo a equipe engajada no propósito da organização.
- Criatividade – Gerar ideias inusitadas e inteligentes para resolução de problemas e criação de novos produtos e serviços.
- Empreendedorismo – Significa empreender, resolver um problema ou situação complicada. É também agregar valor, saber identificar oportunidades e transformá-las em negócios lucrativos. Um empreendedor não espera as coisas acontecerem, ele age para que as coisas aconteçam. É altamente motivado, tem boas ideias e sabe implementá-las de forma a alcançar os objetivos. Ousa iniciar projetos de uma forma arrojada. Geralmente, o empreendedor assume a direção de uma empresa.

Observa-se a evolução da liderança com ênfase nas pessoas. Logo, a classificação do *Coaching* como a evolução da liderança se distingue por ser um estilo moderno e refinado de liderar, permitindo que as pessoas aprendam a aprender mais sobre si mesmas, aprimorando, em especial, a percepção do ambiente, do contexto e das outras pessoas.

Na realidade, o *Coaching* abre espaço para o diálogo orientado a resultados, além de inspirar e motivar as pessoas a construírem uma carreira profissional embasada em valores que dão mais significado e sentido à vida.

Vale lembrar que liderar no modelo *coaching* é uma forma de humanizar a gestão. Para tanto, o líder, mais do que nunca, precisa incluir em sua rotina a arte de aprender a aprender, reinventar-se profissionalmente, pois o saber de hoje poderá estar defasado no amanhã.

Capítulo 3
Fundamentos do *Coaching*

> *Coaching é como uma lente que amplia o campo de visão do coachee e evidencia recursos fundamentais para a conquista dos objetivos.*
>
> **Noscilene Santos**

Embora o *Coaching* tenha chegado ao Brasil por volta do ano 2000, ainda há distorção sobre o significado desse método. Há quem o interpreta como se fosse treinamento, consultoria, mentoria ou terapia. Mas existem diferenças sensíveis entre essas abordagens. A definição de cada uma delas será apresentada nas próximas páginas.

Estrutura do *Coaching*

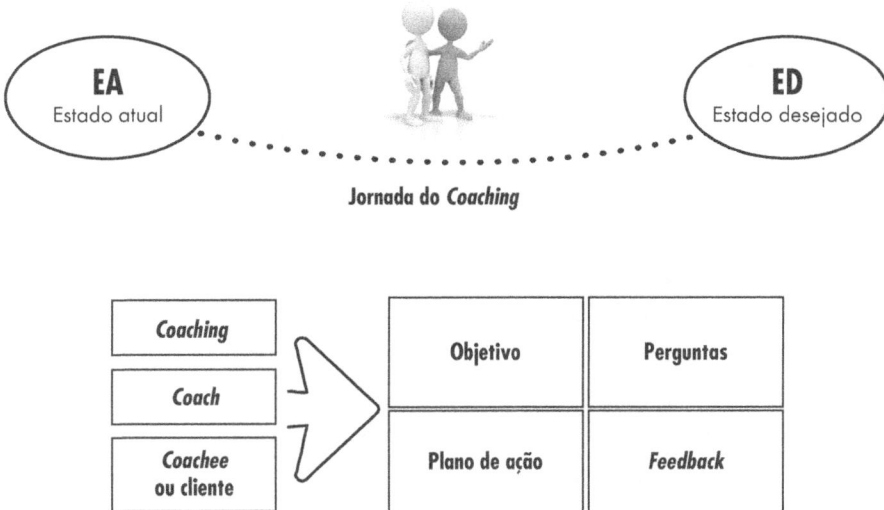

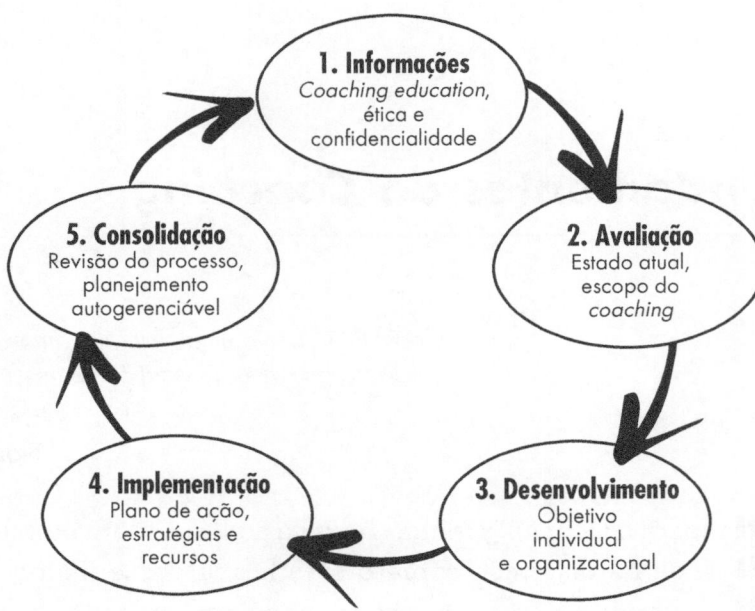

De modo simplificado, o termo *Coach*, palavra de origem inglesa, significa *treinador*. Porém, a tradução não reflete os quesitos do *Coach*, que exerce a atividade de *Coaching*, motivo pelo qual não se traduz: *Coach*, *Coaching* e *Coachee*.

Coaching

"*Coaching* é uma atividade profissional que se dá num processo confidencial, estabelecido em relação de parceria entre o *Coach* e o *Coachee*, visando ao desenvolvimento pessoal e profissional, apoiando e instigando com o objetivo de atingir resultados previamente estabelecidos". (Resolução GEC/01 em 15/07/2008, Revista Administrador Profissional no. 270 p.17)

Esse conceito de *Coaching* foi adotado pelo CRA-SP (Conselho Regional de Administração de São Paulo).

Trazendo o conceito para a operacionalização, o *Coaching* é um processo estruturado de modo customizado, visando atender aos anseios pessoais ou profissionais, partindo de análises e avaliações do momento presente para definir o que exatamente a pessoa deseja alcançar no futuro. A chave do *Coaching* são as perguntas poderosas formuladas para levar o *coachee* à reflexão e à ação. É uma maneira de ampliar as possibilidades de respostas e de escolhas.

Durante a jornada do *coachee*, a ser realizada entre oito e doze encontros semanais ou quinzenais, definem-se objetivos, traçam-se metas, desmistificam-se convicções limitantes, estrutura-se o projeto de vida de curto, médio e longo prazos, identificam-se valores de conduta e, a missão de vida se torna mais clara. A consequência do processo de *Coaching* são as mudanças percebidas nos comportamentos do *coachee*, por ser instigado a se autoconhecer e a se autoconscientizar sobre as habilidades potenciais que já possui e as oportunidades de desenvolvimento. Melhor caracterizando, *Coaching* visa a soluções, resultados e ao equilíbrio das diversas áreas da vida, além de estimular a aprendizagem contínua. Os benefícios são notados na vida pessoal e profissional.

Segundo Timothy Gallwey, autor de *The Inner Game of Tênis*, *Coaching* é liberar o potencial de pessoas permitindo a elas que aumentem o seu desempenho. É ajudá-las a aprender ao invés de ensiná-las".

Coach

O Coach é a lente do coachee,
a chave para abrir possibilidades.

Noscilene Santos

Profissional certificado, preparado para conduzir o processo de *Coaching*, estabelecendo relação de confiança e acordo de ética com o *coachee*. Tem como função apoiar e orientar o *coachee*, ora estimulando-o, ora desafiando-o por meio de perguntas bem formuladas. Durante os encontros, ao perceber situações em que o *coachee* se sinta desprovido de recursos para acessar as respostas, o *coach* aplica técnicas específicas para ajudá-lo a eliminar os possíveis obstáculos e resgatar a autoconfiança. O *coach* acompanha o desenvolvimento do *coachee* observando os comportamentos, a motivação ao dar e receber *feedbacks*, a postura, a comunicação, tendo como parâmetro a avaliação inicial.

Parece simples a atividade do *coach*, basta fazer a pergunta certa, aplicar uma técnica e a resposta virá. Nem sempre. Muitas vezes o silêncio é a melhor resposta. Nesse ponto, há um alerta, saber ouvir é uma das habilidades mais importantes na atividade do *coach*. Para isso, manter-se em estado de presença é primordial, o corpo e a mente devem ocupar o mesmo espaço, *aqui* e *agora*. Essa é maneira mais efetiva de compreender a realidade da outra pessoa sob a perspectiva dela.

O *coach* jamais dá respostas. Ele faz perguntas e aplica técnicas para que o *coachee* as encontre. **"O *Coach* é um parceiro sinérgico e bem imparcial"**.

Coachee ou cliente

Coachee é a pessoa que recebe o processo de *Coaching*. É responsável pelo próprio sucesso durante a jornada de *Coaching*. Para tanto, assume compromissos com a agenda, se conscientiza sobre a importância de executar as tarefas, mostra disposição para promover mudanças de comportamentos, deve estar aberto a explorar diferentes maneiras de aprender. A iniciativa de contratar um *coach* demonstra forte estímulo para crescer, se desenvolver e de esclarecer o propósito de vida.

Origem e desenvolvimento da palavra *Coach*

Tudo o que a mente do homem pode conceber, pode ser alcançado.
William Element Stone

Entre os séculos XV e XVI, na cidade húngara de *Kocs*, sugiram os primeiros *Coaches* que viajavam entre Viena e Budapeste, conhecidas como as carruagens de *Kocs* (*kocsi szekér*). A função era transportar pessoas de um lugar até outro. Traçando um paralelo com a atual atividade do *Coach*, este também transporta as pessoas "de um lugar para outro", do seu estado atual ao estado desejado, de um nível de consciência ao outro.

A primeira vez que se ouviu falar em *Coach*, no sentido que se conhece atualmente, *treinador*, foi no mundo dos esportes. *Timothy Gallwey* trata, com profundidade, o que é o *Coaching* esportivo no seu livro *"The inner game"* (O jogo interno). Essa concepção se deu após observar e entender os efeitos da mente no esporte. Segundo o autor, "Há sempre uma parte interna que joga na sua mente, sem que importe a parte externa que joga. O grau de consciência que tem este jogo pode representar a diferença entre o êxito e o fracasso na parte exterior". Gallwey afirmou, também, que o *Coaching* é um processo que se pode aplicar em todos os aspectos da vida cotidiana.

Origem e desenvolvimento da metodologia

A metodologia *Coaching* vai além de uma disciplina ou teoria, visto que ao longo da história muitos pensadores utilizaram técnicas e diferentes abordagens para o desenvolvimento do potencial das pessoas.

Regressando à antiga Grécia (470-399 a.C.), por exemplo, percebemos uma relação entre o *Coaching* e a Maiêutica Socrática. Sócrates afirmava que não se podia ensinar nada a uma pessoa, já que ela possui todo o conhecimento dentro de si. Ele utilizava as perguntas para estimular as pessoas a refletirem e a tirarem as próprias conclusões, resgatando o conhecimento do seu interior, chegando à sua verdade por si. À semelhança, o *Coach* não tem a pretensão de ensinar conceitos ou teorias. Ele formula perguntas e aplica outras técnicas para evidenciar o potencial que existe dentro do *coachee*. Em síntese, o *coach* tem as perguntas; o *coachee*, as respostas.

Também Platão (428-347 a.C.), discípulo de Sócrates, foi uma influência filosófica para o *Coaching*. Ele formulava boas perguntas e escutava as pessoas ativamente. No *Coaching*, essas duas ferramentas são fundamentais para o *coach* conduzir o processo, apoiar e orientar o *coachee*.

Outra influência foi Aristóteles (384-322 a.C.). Ele contribuiu para o *Coaching* com a teoria da tábua rasa, em que afirmava o seguinte: "a pessoa pode chegar a ser o que ela quiser". Ele dizia também que o indivíduo possui duas naturezas: a natureza do Ser e a do deve Ser. Na visão dele, a única forma de passar de um estado ao outro seria por meio da ação. O pensamento de Aristóteles se relaciona ao termo "estado presente", representando "o que eu sou" e o estado desejado, "o que eu quero ser". Reflexão e ação são características do *Coaching*.

Os benefícios do *Coaching* são percebidos nos relacionamentos, nas habilidades de comunicação, no equilíbrio entre trabalho e vida pessoal, nas novas oportunidades de carreira, na organização pessoal, na gestão do tempo, no controle emocional, no trabalho em equipe, no propósito de vida e muito mais. As empresas, assim como os seus executivos, obtêm resultados visíveis ao investirem em *Coaching*. O *Coaching* realmente funciona e continua crescendo nos ambientes de negócios.

Modalidades do *Coaching*

Tabela 1 – Apresento parte das modalidades do *Coaching* nesta tabela. Existem outras segmentadas por ramo de atividade e por perfil.

Coaching **Empresarial**	O *coaching* empresarial é focalizado nos assuntos do trabalho. Seja para desenvolver competências ou realinhar áreas da vida.
Coaching **Executivo**	Direcionado a apoiar profissionais que detêm autoridade e poder em uma organização. Visa desenvolver o capital humano e melhorar a qualidade de vida do *coachee*.
Coaching **Carreira**	Orientado às pessoas que desejam mudar de profissão, de emprego, recolocação no mercado, projeção profissional, escolher a área na qual deseja atuar.
Coaching **Vida**	Trabalha os aspectos pessoais e profissionais, saúde e relacionamentos. Visa à organização pessoal e ao sentido da vida.

Líder-*Coach*	Potencializa as competências de liderança, influencia na aprendizagem contínua, no autoconhecimento e na percepção ampliada para desempenhar as atividades com maestria.
***Team* Coaching**	Desenvolve equipes para obter resultados mais eficazes. Reduz conflitos e aprimora relações de trabalho.
***Coaching* financeiro**	Promove mudança de comportamentos relacionados ao consumo e ao dinheiro, encontra equilíbrio financeiro e qualidade de vida. Desmistifica convicções restritivas. É um processo de conscientização sobre o padrão comportamental.
***Coaching* Esportivo**	Supera os limites em relação a todas as áreas da vida, foco especial no esporte: emocional, técnica, física e relacional.

Coaching e outras abordagens – sensível diferença

Tabela 2 – definição da atividade de *Coaching* comparada a outras abordagens

Coaching	Focaliza metas e objetivos. Avalia o presente e define o futuro. O profissional *Coach* não precisa, necessariamente, ser especializado na área de atuação do *coachee*. Mas deve ser hábil na formulação de perguntas e na escuta ativa, para estimular o *coachee* a encontrar as respostas. Seu papel é apoiar e orientar o *coachee* durante a jornada.
Psicoterapia	O cliente busca alívio para sintomas psicológicos ou físicos. A terapia lida com a saúde mental do cliente. Trabalha com as experiências do passado.
Consultoria	O consultor é dotado de conhecimento especializado. Tem a função de solucionar problemas do negócio ou desenvolver um negócio de maneira global. O consultor só afeta os indivíduos de forma indireta. Em geral, aponta problemas nos processos e recomenda soluções.
Mentoria	O Mentor é considerado *expert*, profissional experiente na organização ou na profissão de seu pupilo. Ele compartilha experiências e indica soluções.
Treinamento	É o processo de adquirir habilidades ou conhecimentos por meio de estudos, experiências ou ensino. O treinador, por definição, é o especialista e, numa sala de aula, todos os participantes recebem o mesmo conteúdo.

Síntese

- O *Coaching* é uma metodologia estruturada para promover mudanças, por meio do autoconhecimento. Os valores, a missão de vida e a visão de futuro se tornam claros e direcionam o *coachee* em sua jornada, mantendo o equilíbrio pessoal e profissional.
- O crescimento exponencial do *Coaching* no mundo corporativo desde a década de 80 comprova a evolução da liderança.
- O *coachee* é responsável pelo seu sucesso no processo de *Coaching*, desde o momento presente até atingir o estado desejado, assim como autogerenciar o seu plano de desenvolvimento. Torna-se consciente de sua autorresponsabilidade por tudo o que ocorre em sua vida.
- O Líder, ao se tornar *Coach*, terá em mãos o mais poderoso instrumento de gestão. Por meio do *Coaching*, poderá se autodesenvolver e desenvolver o outro. O líder-*Coach* eleva o padrão da equipe e alcança resultados extraordinários nos negócios e na vida.
- *Coaching* é diferente de terapia, consultoria, mentoria e treinamento.

Capítulo 4
Líder-*Coach*: diferencial em liderança

Você, Líder, precisa ter todas as respostas?
O que mudaria em sua profissão se dominasse
o método Coaching?

O *Coaching* me foi apresentado no ano de 2003. Naquela ocasião, eu entendi o verdadeiro poder das perguntas bem formuladas: geravam reflexão e ação em vez de desculpas. Aprendi que a quantidade de informações extraídas com o estímulo de perguntas apontava fatores críticos de sucesso na definição e no gerenciamento de projetos. Ao aplicar a ferramenta apropriada, perguntas-chave, ruídos na comunicação eram minimizados, cedendo lugar ao diálogo. Assim como descobri que a resolução de problemas demandava mais inspiração do que transpiração, por meio de perguntas elaboradas com o propósito de ampliar o campo de respostas.

O aprendizado fez emergir novas estratégias de liderar a equipe. E mais importante, o ato de questionar um colaborador para esclarecer uma informação revelava um dos princípios básicos da comunicação eficaz: o poder da escuta ativa.

No *Coaching*, "perguntas são respostas".

Encontre as perguntas certas. Você não terá que inventar
as respostas, elas simplesmente surgirão à sua frente.
- Jonas Salk

Benefícios do modelo *Coaching*

Por experiência, posso afirmar que liderar no modelo *Coaching* muda significativamente o estilo de fazer gestão de pessoas e de alcançar resultados. Em primeiro lugar, porque o *Coaching* é um processo de aprendizagem que favorece o autoconhecimento e a melhor compreensão do mundo que nos cerca. É apropriado para identificar padrões de comportamentos que auxiliam nas ações do dia a dia, assim como padrões restritivos que bloqueiam as atitudes do colaborador, impedindo-o de alcançar bons resultados.

  Exemplificando: em situações de crise econômica, as metas são recebidas com incredulidade. Pessoas manifestam: "Isso é impossível!"; "Ninguém está comprando!". Afirmações como essas são conhecidas como "crenças limitantes". São generalizações tomadas como verdadeiras, até mesmo inquestionáveis. O líder-*Coach*, ao escutar pensamentos negativos do colaborador, deverá questioná-lo: "Como sabe que é impossível?" "Ninguém, ninguém mesmo está comprando?". Ao devolver as perguntas abertas, incluindo palavras pronunciadas por quem fez a queixa, o gestor estará provocando reflexão, pois as boas perguntas exigem respostas bem fundamentadas. Quanto mais as queixas forem desafiadas, mais enfraquecidas se tornarão e no lugar delas surgirão novas estratégias em direção ao cumprimento das metas.

  A metodologia *Coaching* impulsiona as pessoas a alcançarem os objetivos. Isso porque as metas passam a ser mais realistas, porém de cunho desafiador. A equipe toma consciência dos processos e consegue apontar evidências de sucesso ou de insucesso. Nesse caso, revisam e corrigem a rota sem procurar culpados. As pessoas aprendem mais sobre si mesmas, sobre a equipe e o negócio, especificamente para o líder que, além de se conscientizar de seus recursos internos, como autoconfiança, determinação, visão e persistência, terá mais flexibilidade para "ajustar as velas", caso seja necessário.

Adaptando-se às mudanças

O segundo ponto a ser destacado é o método *Coaching* como influência, de modo positivo, no processo de mudança. As mudanças, sejam tecnológicas, econômicas ou políticas, têm sido velozes e vorazes e o impacto nos negócios ocorre em curto espaço de tempo. Porém, independente das circunstâncias, as organizações exigem resultados imediatos. Neste caso o líder, sendo o protagonista da história, acumula responsabilidades e sofre pressão por resultados. Como será o seu comportamento diante de tal complexidade? De que maneira esse ser humano, exercendo o papel de líder, sobreviverá aos efeitos da quarta revolução industrial: realidade aumentada, carro autônomo, *mobiles*, portáteis, que o mantém conectado vinte e quatro horas por dia, misturando o trabalho com os momentos de lazer? Sabe-se que o celular vai tocar ou uma mensagem vai entrar no aplicativo. Alguém cobrará respostas e decisões.

    É bem provável que já aconteceu de você estar fora da empresa, em horário de lazer ao lado da família, amigos e, por força da conectividade, a jornada de trabalho ser estendida. Como se sentiu ao atender àquela chamada inesperada de seu gestor? Como se sentiram as pessoas que desfrutavam de sua companhia? Essas são as consequências dos avanços tecnológicos. Faz parte da evolução e compete a cada um encontrar o equilíbrio. A força do *Coaching* está na capacidade de desmistificar os sabotadores que impedem o profissional de ter vida fora do expediente. No processo de *coaching* existem estratégias para organizar a vida de tal forma que o trabalho se torna mais produtivo e cede espaço à qualidade de vida.

    Na realidade, o controle da vida profissional e pessoal deve estar em suas mãos, Líder. Procure se auto-observar, dê atenção aos colaboradores, à família. Entenda quais são os anseios, os desejos e as necessidades deles, identifique talentos, reconheça habilidades potenciais ou a desenvolver, faça elogios sinceros, apontando evidências a quem os recebe. Pessoas precedem à tecnologia, necessitam de atenção de qualidade.

Outra vantagem da metodologia *Coaching* no exercício da liderança ou autoliderança está relacionada à percepção ampliada do ambiente. O líder-*coach* mantém um olhar atento nas pessoas, nos negócios e em si. Ao mesmo tempo em que se mostra firme ao tomar decisões, consegue ser sábio ao lidar com os colaboradores. A metodologia *Coaching* auxilia na adaptação às mudanças, gerando sinergia entre o Líder e a equipe.

Figura 2 – Criando Sinergia

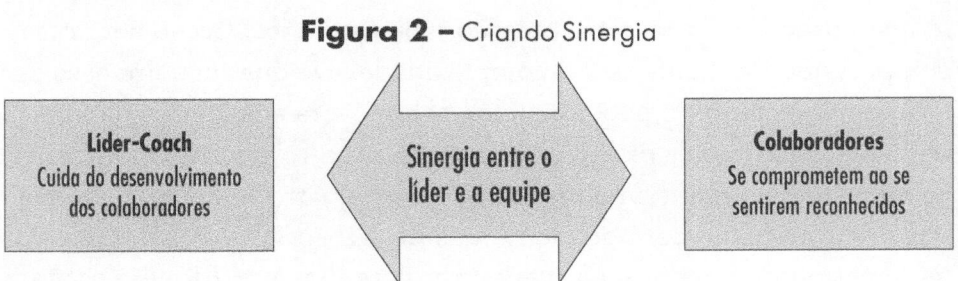

O verdadeiro significado do desenvolvimento da equipe está na satisfação dos colaboradores que se motivam a apoiar o líder, garantindo a ele exercer uma gestão de excelência. O *Coaching* promove mudanças efetivas.

Liderança no modelo *Coaching*: uma escolha

Nós somos as escolhas que fazemos. Escolher ser Líder-*Coach* é uma decisão importante para potencializar as habilidades de gestão. O líder, ao se apropriar das ferramentas e do método *coaching*, aumentará as capacidades de cuidar de si, de desenvolver a equipe, além de beneficiar a organização, gerando resultados consistentes.

Existem diferentes estilos de *Coaching* praticados no Brasil e em outros países. Esta obra aborda o *Coaching* com Programação Neurolinguística. A PNL estuda a estrutura subjetiva da mente humana para identificar modelos e padrões de comportamentos geradores de resultados. No caso do *Coaching*, suportado pela PNL, tem como princípio as perguntas poderosas, elaboradas de modo positivo para estimular o *coachee* a agir, também se apoia em outras técnicas para auxiliar no processo de mudança e na atenção focalizada nos resultados desejados. Destaco, neste contexto, o pressuposto: **"Dentro de cada um de nós existem todas as respostas de que precisamos ou podemos criá-las".**

A intenção positiva desse pressuposto é motivar as pessoas a buscarem as respostas dentre de si. Nesse caso, as perguntas poderosas são fundamentais para despertar a curiosidade e levar à ação.

A chave para mover pessoas em direção aos objetivos, de bom grado, é a boa comunicação. Essa competência é essencial na atividade do *Coach*, também fundamental para líderes. Há de se ter clareza e objetividade ao transmitir informações aos colaboradores. Não adianta despejar as tarefas na mesa dos colaboradores. Quando se sabe que uma equipe é composta de diferentes percepções, cada pessoa tem um jeito próprio de receber a informação, processá-la e devolver a resposta. Desnecessário dizer sobre a importância dessa competência em qualquer ambiente ou segmento de atuação, mas poucos a tem desenvolvida.

Vou me apropriar de mais um dos pressupostos da PNL: "A responsabilidade pela boa comunicação é do comunicador". Cabe ao Líder-*Coach* adotar distintas estratégias de comunicação para obter melhores resultados da equipe. Outra questão primordial é saber escutar o que as outras pessoas dizem, sem interpretar as palavras de acordo com as próprias experiências. Isso se faz por meio de perguntas para esclarecer o real significado da mensagem sob o ponto de vista de quem fala.

A escuta ativa potencializa o atendimento *Coaching*. Durante o encontro com o *coachee*, o *Coach* deve estar em estado de presença, atento para escutar além das palavras. O tom de voz, gestos, postura e expressões faciais são elementos que trazem à tona verdadeiras informações que se escondem por detrás das palavras, como sentimentos e crenças, por exemplo. A comunicação verbal e não-verbal do *coachee* fornece pistas preciosas sobre os próximos passos.

Liderança no modelo *Coaching*. Esse é o caminho da mudança de Líder ou gerente para Líder-*Coach*.

Sobre PNL – Programação Neurolinguístico

Parte das técnicas apresentadas neste manual foram extraídas da Programação Neurolinguística, analisadas e reelaboradas pela autora para facilitar a aplicação da metodologia *Coaching* na liderança. A PNL nos ajuda a compreender a realidade da outra pessoa sem julgar ou interpretar, além de proporcionar um mergulho no inconsciente para descobrir modelos de sucesso em nossa história, realinhar experiências malsucedidas, tirando delas as boas lições. A seguir, apresento o fragmento de um texto sobre a Programação Neurolinguística.

> *A PNL estuda talento e qualidade – como organizações e indivíduos excelentes obtêm resultados extraordinários. Os métodos podem ser ensinados a outros para que eles também possam obter a mesma classe de resultados. Esse processo denomina-se "modelagem".*
>
> *Para modelar, a PNL estuda como estruturamos nossa experiência subjetiva – como pensamos nossos valores e crenças e como criamos nossos estados emocionais – como construímos nosso mundo interno a partir de nossa experiência e lhe damos significado. Nenhum evento tem significado. Pessoas diferentes podem lhe atribuir significados iguais ou diferentes. Assim a PNL estuda experiências pelo lado de dentro.*
>
> *Começou estudando os melhores comunicadores e evoluiu para o estudo sistêmico da comunicação humana. Cresceu adicionando ferramentas e métodos práticos gerados pela modelagem de pessoas excelentes ou brilhantes. Essas ferramentas são utilizadas internacionalmente nos esportes, nos negócios, nos treinamentos, em vendas, no direito e em educação. No entanto, a PNL é mais do que uma coletânea de técnicas. É também uma forma de pensar, uma mentalidade baseada em curiosidade, exploração e divertimento. (O'CONNOR, 2006)*

Tomando-se por base os benefícios de aprendizagem contínua, autodesenvolvimento e comunicação eficaz, o estilo *Coaching* de liderança é uma das maneiras de preparar a organização para as mudanças velozes, provocadas pelo efeito globalização na Sociedade do Conhecimento. Entretanto, a agilidade em transformar líderes / gerentes em Líder-*Coach* deverá antecipar qualquer crise. "Prevenir é melhor que remediar". Dessa forma, além de se blindar contra o perigo iminente da rotatividade de bons profissionais, destacar-se-á entre os concorrentes.

Sabiamente disse *Jack Welch*: "Mude antes de que você precise".

Por último, vemos os principais atributos do líder se fundirem nas dimensões do *Coaching,* promovendo a **transformação**. Isso ocorre de dentro para fora, por meio do autoconhecimento, da mudança de comportamentos e da adoção de novos modelos que gerarão resultados diferentes.

O Líder e o *Coach*

Atributos do líder	Dimensões do Coaching
Conhecimento	Saber
Habilidade	Fazer
Liderança pelo exemplo	Ser

Os principais atributos do líder e as dimensões do *Coaching* se fundem. No processo de *Coaching,* o autoconhecimento é a chave para o profissional se conscientizar sobre o seu potencial realizador: Ser.

Conhecimento

Pode ser definido como operações pelas quais a mente faz a análise de um objeto, de uma realidade, determinando assim a sua natureza. Também pode ser definido como o conjunto dos domínios no qual se exerce a aprendizagem. O conhecimento é considerado uma aptidão quando se transforma em habilidade.

Saber

É o conjunto coerente de conhecimentos adquiridos em contato com a realidade. A pessoa é capaz de explicar o que aprendeu com segurança. O saber é um passo além do conhecimento, a habilidade começa a ser desenvolvida. Para se atingir a dimensão do **Saber,** há que se dedicar tempo praticando o conhecimento. Quanto mais se dedicar à atividade, mais apto se tornará.

Habilidade

É a aptidão para cumprir uma tarefa específica com destreza. A **habilidade** do Líder-*Coach*, por exemplo, poderá ser desenvolvida através da utilização dos modelos aqui apresentados, aplicando-os nas rotinas do cotidiano, tanto para o autodesenvolvimento como desenvolver a equipe.

Fazer

Executar uma atividade repetidas vezes leva ao aprendizado consistente. A capacidade de "aprender está no fazer", requer disciplina e persistência. Com o passar do tempo, a atividade é realizada com maestria, o processo é quase natural e vai se tornar fluído ao atingir o grau de aprendizado denominado competência inconsciente em PNL.

Liderar pelo exemplo

Demonstrar congruência em seus comportamentos. O líder que pratica o que prega, inspira confiança e admiração, tornando-se referência para os seus colaboradores.

Ser

Quando não precisar mais pensar no processo de liderar no modelo *coaching*, significa que atingiu a terceira dimensão do *Coaching*. A habilidade fará parte da sua identidade, podendo afirmar: "EU SOU LÍDER-*COACH*!

Modelo *Coaching* – Estilo refinado de liderança

A liderança no modelo *Coaching* é refinada, congruente, capaz de alinhar valores pessoais e profissionais. Uma equipe liderada por um líder-*Coach*, em vez de transpirar para atingir os objetivos, sente-se inspirada a romper barreiras e a superar os obstáculos. Os desafios são vistos como uma maneira de se autodesenvolver e de desmistificar limites.

O papel do Líder-*Coach*, entretanto, vai além: acompanha a velocidade das mudanças e age na hora exata. Para ele, quanto mais desafiadora for a situação ou o projeto, mais motivado se tornará. A motivação desse líder contagia o ambiente e a equipe se engaja, buscando alternativas incomuns para levar adiante o propósito da área e da organização. Esse novo líder reage às circunstâncias, às situações de estresse ou à pressão por resultados com criatividade e flexibilidade.

Desafios do Líder-*Coach*

A arte de liderar e de ser *Coach* é bastante desafiadora. Mas, ao dominar a aplicação das ferramentas e o processo de *Coaching* em si, o Líder-*Coach* poderá definir o próprio modelo de gestão, já que não exercerá a atividade de *Coach* especificamente, se apoiará no modelo *coaching*. Vale relembrar que as modernas e poderosas técnicas de gestão e aperfeiçoamento pessoal contribuirão para o autodesenvolvimento e o desenvolvimento do outro. Entretanto, como "nem tudo são flores", é importante destacar os pontos favoráveis e os críticos a serem enfrentados pelo Líder-*Coach*.

Pontos favoráveis

Como o Líder-*Coach* está familiarizado com o ambiente, tem fácil acesso a informações as quais o apoiarão na atividade de *Coach*, poderá ter mais flexibilidade no uso do tempo, possuindo autonomia para delegar atividades direcionadas ao desenvolvimento da equipe.

Pontos críticos

O Líder-*Coach* acumula muitas responsabilidades, inclusive a de avaliar o seu colaborador. Nesse caso, o grande risco será deixar o *Coaching* em segundo plano, em razão de outras atividades corporativas. Do ponto de vista do colaborador, poderá ocorrer inibição ou se desencorajar a se expor sobre o processo em si, sobre mudanças e *feedbacks*.

A jornada do *Coaching*, especialmente para líder do topo da pirâmide ou executivo, não deve ocorrer somente durante as horas livres de outras responsabilidades, pressões e demandas interpessoais. Essa é uma atividade a ser incluída na agenda de trabalho, pois o processo de *Coaching* requer regularidade e atenção até atingir a meta preestabelecida.

Nesse sentido, o *Coach* externo é um grande aliado por ser imparcial e se dedicar cem por cento ao *coachee* ou *team coach*.

Agora, você vai conhecer mais de quarenta ferramentas de *Coaching* selecionadas para apoiá-lo na autogestão e gestão de pessoas, abrangendo: a arte da pergunta poderosa, *feedback* como instrumento de desenvolvimento, a escuta ativa e a comunicação efetiva, além de diagnósticos para avaliar Pilares da Vida, competências profissionais e inteligência financeira.

Síntese – Líder-*Coach*

- Aprender a aprender é a chave do Líder-*Coach*. O aprendizado contínuo é essencial na sociedade do conhecimento.
- Autogestão e capacidade em desenvolver o outro são atitudes que fazem do Líder-*Coach* uma referência, um modelo de liderança refinada, capaz de construir equipes de alto desempenho.
- O Líder-*Coach* deverá priorizar tempo em sua agenda para apoiar o colaborador em sua jornada de desenvolvimento.
- O Colaborador é responsável pelo sucesso de seu processo de *Coaching* e da própria carreira.

- O Líder-*Coach* deverá criar meios para difundir o conhecimento, estabelecendo estratégias de crescimento e preservação.
- Pressupostos do *Coaching*:
    1. Perguntas são respostas.
    2. Dentro de nós existem todas as respostas de que precisamos ou podemos criá-las.
    3. Se quiser entender, aja!

Capítulo 5
Mapas de Autoavaliação

Começar já é metade de toda ação.
Provérbio grego

Os Mapas de Autoavaliação se tornaram ferramentas populares do *Coaching*. Eles são úteis para reflexão sobre o momento atual, pois revelam informações importantes a respeito dos principais Pilares da vida pessoal e profissional, quanto ao equilíbrio recomendado em todos os aspectos da vida, assim como indicam quais competências devem ser desenvolvidas ou aprimoradas de acordo com o objetivo de carreira.

O grau de satisfação ou insatisfação do *coachee* é percebido ao comparar o momento atual em relação ao seu desejo. A expectativa que se alimenta é de realização, felicidade e bem-estar. Com essa análise, o *coachee* reconhece o ponto de partida para alinhar os pilares mais fragilizados, traçar plano de desenvolvimento de competências e compreender quais comportamentos provocam desequilíbrio financeiro. As ações extraídas a partir da reflexão dos MAPAS fazem parte do processo de *coaching*. Elas motivam o *coachee* a visualizar o futuro com equilíbrio pessoal e profissional.

Objetivo: Diagnosticar o momento atual para identificar quais áreas merecem atenção no sentido de equilibrar, desenvolver ou aprimorar.

- **MAAV** – Mapa de Autoavaliação das Áreas da Vida
- **MAAC** – Mapa de Avaliação das Competências do Líder-*Coach*
- **MAFIN** – Mapa de Avaliação dos Comportamentos Financeiros.

Aplicação: O MAPA de AUTOAVALIAÇÃO é representado por um círculo dividido em oito ou mais partes. Cada uma das partes representa um pilar considerado relevante para conquistar o equilíbrio pessoal, desenvolver competências de liderança ou se conscientizar sobre comportamentos financeiros. A ideia central é gerar reflexões periódicas sobre a atenção dispensada a cada um dos pilares e desenvolver o plano de ação para alinhar, aperfeiçoar ou desenvolver novas competências.

Cada pilar será avaliado atribuindo-se pontuação de "zero a cem por cento", refletindo a quantidade e a qualidade da satisfação naquela área. Pode-se iniciar atribuindo a nota ideal, que representa o estado desejado, o futuro; depois, atribuir a nota no estado atual. Faça a comparação entre o que deseja e como se sente no momento atual.

Ao concluir a fase de atribuir as notas desejada e a atual, deverá achar a diferença entre elas: ideal – atual = x%. Pilares inferiores a oitenta por cento merecem atenção imediata, ou seja, pedem a elaboração de um plano de ação.

MAAV – Mapa de Autoavaliação das Áreas da Vida

Exercício 01 – Diagnóstico dos Pilares da Vida

Objetivo: Diagnosticar e equilibrar os pilares mais importantes da vida.

Metodologia: avaliar o grau de satisfação pontuando o mapa, de dentro para fora, de zero a cem por cento. Avaliações inferiores a oitenta por cento merecem plano de ação imediato para o verdadeiro equilíbrio do MAAV.

Capítulo 5 – Mapas de Autoavaliação

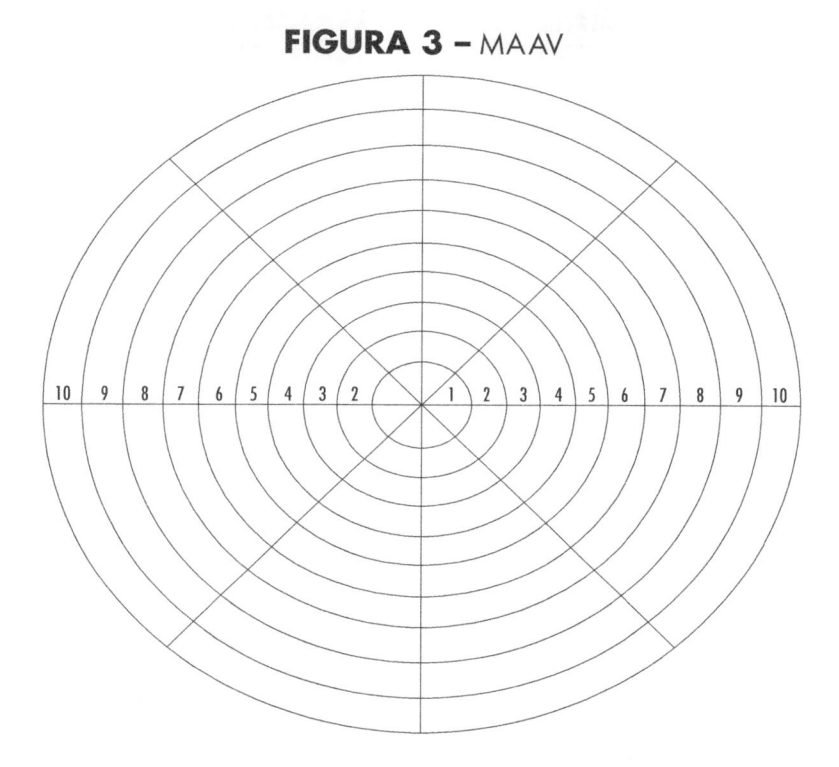

FIGURA 3 – MAAV

A figura 3 é a representação gráfica dos Pilares da Vida e tem o objetivo de diagnosticar a situação atual.

Pilares a serem avaliados

Para atribuir a nota, leia atentamente os enunciados e as perguntas, reflita sobre o grau de satisfação. Em seguida, escolha, dentre as opções, oito ou mais pilares que façam sentido no momento atual.

1. Autodesenvolvimento

Relativo ao aperfeiçoamento, à qualificação e à atualização de conhecimentos. Cursos, pesquisas, literatura, grupos de estudos etc.

- Participou de cursos relacionados à sua profissão nos últimos seis meses?
- Quantos livros de autodesenvolvimento você leu nos últimos seis meses?
- Tem participado de grupos de estudos, pesquisas?
- Considera-se atualizado em relação ao mercado globalizado?
- Quantos idiomas fala fluentemente?
- Depois da graduação, quantas Pós, MBAs ou especializações realizou?

2. Estado emocional

O estado emocional do líder afeta a maneira e a eficiência de influenciar os colaboradores, pares e família. Em geral, as emoções podem incorrer em julgamentos, satisfação ou insatisfação, aos bons e aos maus comportamentos, a soluções criativas para tomar decisões ou sentir-se atado.

- Como avalia o seu controle emocional?
- Tem consciência de fatos que provocam sentimentos de raiva, ira, impaciência e sensações de mal-estar? Como lida com isso?
- Costuma conversar sobre emoções com família, colaboradores, amigos?
- Demonstra os seus sentimentos?
- Percebe os sentimentos das outras pessoas?

3. Espiritualidade

Um olhar mais abrangente sobre a comunidade. Nesse pilar, você avalia quem se beneficia com as suas atitudes. Qual é a qualidade da paz interior, coerência de valores e força interna para suportar as dificuldades sem se desequilibrar? Esse item pode ou não estar ligado à religiosidade, mas está relacionado à conexão espiritual.

- O quanto tem colaborado com a sustentabilidade?

- O quanto se dedica ao desenvolvimento de outros?
- Como tem cuidado do corpo, mente e espírito?
- Como está a sua conexão com o ambiente, com a natureza e consigo mesmo?

4. Família

Avalie a qualidade da atenção dedicada às pessoas de seu relacionamento: pai, mãe, filhos, irmãos, parentes. Não se inclui nesse pilar a satisfação no relacionamento afetivo: marido e esposa, namorados, companheiros.

- Você tem dedicado atenção de qualidade à família?
- O quanto escuta os seus pais, irmãos, filhos, parentes?
- Se tem filhos, costuma ficar algumas horas do dia na companhia deles?
- Com que frequência visita a família?
- Qual foi a última vez em que esteve reunido com a família?

5. Financeiro

Refere-se aos comportamentos de consumo, hábito de poupar, planejar. Avalia-se, também, a satisfação com a renda familiar. Outra característica desse pilar é o descontrole financeiro, que pode estar relacionado ao padrão de pensamentos limitantes e experiências malsucedidas no passado.

- O quanto está satisfeito com as finanças?
- A renda familiar condiz com as capacidades profissionais de cada um?
- Costuma poupar quantos por cento da renda mensal?
- Está preparado para enfrentar emergências?
- Tem reservas financeiras equivalentes a dois anos de despesas fixas?
- Como planeja a aposentadoria?

6. Profissão

Avalia o grau de satisfação profissional desde o ambiente, atividades, convívio, preparo para galgar novos postos e perspectivas de crescimento.

- O quanto se sente satisfeito profissionalmente?
- O quanto está preparado para assumir novos postos?
- O quanto se sente motivado ao acordar cedo e sair para trabalhar?
- É reconhecido por seus superiores, pares e colaboradores?
- Tem se dedicado a planejar a carreira? Sabe aonde quer chegar?

7. Romance

Considera o quanto o vínculo emocional entre cônjuges, companheiros ou namorados é satisfatório. O quanto existe de admiração um pelo outro. Qualidade do tempo que se dedicam um ao outro. Se há respeito mútuo das diferenças e dificuldades individuais e coerência nos atos que impulsionam o casal a continuar unido.

- Quão próximo está de seu cônjuge, companheiro ou namorado?
- O quanto está satisfeito com o seu relacionamento?
- O quanto admira um ao outro?
- O quanto está satisfeito com a qualidade da atenção de um para o outro?
- Você e seu cônjuge, companheiro ou namorado e namorada se sentem cúmplices?
- Costumam surpreender um ao outro com momentos memoráveis?

8. Relacionamentos

Refere-se aos colegas de trabalho, amigos de infância, da escola, afinidades profissionais ou ideológicas. Considera o quanto se sente próximo aos amigos, o quanto tem se dedicado a aumentar e alimentar a rede de contato. Sabendo-se que *network* é fundamental nos dias atuais.

- O quanto se sente próximo aos amigos?
- O quanto está aberto a ampliar a rede de contatos?
- O quão satisfeito está com a qualidade de seus relacionamentos?
- Se precisar de um contato para uma informação profissional fora do ambiente de trabalho, com quantas pessoas você pode contar?

9. Social e Lazer

Representa o tempo disponível para atividades de lazer. Esse pilar refere-se a tudo o que produz vitalidade, motivação, relaxamento, diversão e satisfação. Contribui para melhorar a qualidade dos relacionamentos interpessoais e afetivo, ampliar o círculo de amizades.

- O quanto tem participado de atividades sociais?
- Você tem sido convidado para eventos sociais?
- De quantos eventos sociais/ culturais participou nos últimos três meses?
- O que tem feito em seu tempo livre? Como está a sua agenda cultural?

10. Saúde

Um dos pilares mais importantes do **MAAV**. Sem saúde, os demais pilares se desequilibram. Deve-se avaliar os cuidados com a saúde física, mental, grau de energia e vitalidade. Fazer prevenção à saúde visitando médicos e dentistas pelo menos uma vez ao ano, praticar atividade física, optar por alimentação saudável e dormir bem são cuidados imprescindíveis para manter a saúde.

- Tem feito exames preventivos?
- Visitou o dentista?
- Pratica atividade física?
- A sua alimentação é saudável?
- Qual é a qualidade do seu sono? Tem dormido bem?
- Presta atenção em sua respiração? Está suave ou ofegante?

Reflexão sobre o MAAV por meio dos sentidos: Ver, Ouvir e Sentir

Unindo os pontos de um pilar com o outro, forma uma roda interna. Perceba se essa roda gira. Havendo pilares com pontuações abaixo de oitenta por cento, se nenhuma ação for realizada para equilibrar, a tendência é desgastar os pilares bem avaliados.

O que você vê em seu mapa de autoavaliação?
_____
_____
_____

Se o mapa falasse, o que você escutaria?
_____
_____
_____

Como se sente ao ter em mãos o seu mapa com a avaliação dos pilares mais importantes de sua vida?
_____
_____
_____

Promova mudanças

Defina um plano de ação para elevar a pontuação de pelo menos três pilares pontuados abaixo de oitenta por cento. Uma pequena mudança em um dos pilares poderá refletir, positivamente, no alinhamento de seu **MAAV**.

Vale lembrar que as primeiras ações devem ser factíveis, simples de serem executadas. Por exemplo, o Pilar Saúde está abaixo de

80%, a ação deve ser agendar médico para fazer os exames preventivos ou, se está postergando atividades físicas, comece a pesquisar tipos de atividades que lhe atraem: musculação em academia, natação, dança, *personal trainer* ou outro esporte da sua preferência.

O resultado positivo motivará a continuação do processo. As ações mais complexas devem ser realizadas no decorrer dos encontros de *Coaching*.

Os ganhos ao alinhar as áreas da vida são muitos: aumenta a energia, a autoestima, a autoconfiança e a automotivação.

Tabela 3 – Plano de Ação MAAV

Pilares	Ação	Data

Que evidências terá quando conseguir realizar as ações?

1. _____
2. _____
3. _____

MAAC – Mapa de Autoavaliação das Competências

Exercício 02 – Diagnóstico das competências profissionais.

Objetivo: Identificar as competências consolidadas, a desenvolver ou a aprimorar.

Metodologia: Escolha as competências exigidas pela área em que trabalha, assim como aquelas essenciais para o desenvolvimento da carreira. Avalie o grau de satisfação pontuando o mapa, de dentro para fora, de zero a cem por cento. Avaliações inferiores a oitenta por cento merecem plano de ação imediato para o aprimoramento ou desenvolvimento.

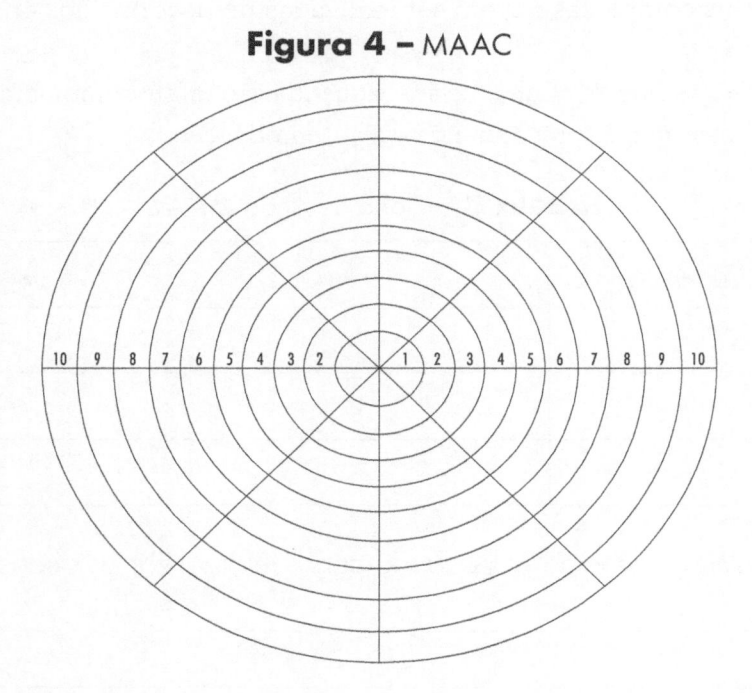

Figura 4 – MAAC

A figura 4 é a representação gráfica das competências do Líder e tem como objetivo diagnosticar a situação atual.

Competências do Líder-*Coach*

Leia atentamente os enunciados e escolha, dentre as competências a seguir, oito ou mais consideradas essenciais no desenvolvimento da sua carreira.

1. Arte do *feedback*

O feedback construtivo, negativo ou positivo, gera aprendizado na equipe, faz parte do processo de desenvolvimento. Portanto, essa competência é considerada primordial para o crescimento pessoal e profissional. Além disso, desperta a motivação por ser compreendido como reconhecimento. Quando o *feedback* é bem aplicado, transforma-se em fonte de energia positiva e de dinamismo. O líder, ao demonstrar a intenção de contribuir com o crescimento do outro, revela um ato de generosidade.

- Você se sente confortável ao dar *feedback*?
- Seus colaboradores reagem bem ao receberem o seu *feedback*?
- Está preparado para receber *feedback* de seus colaboradores ou pares?
- O quanto elogia os pequenos progressos dos colaboradores?
- O quanto se prepara antes de oferecer *feedback*?
- Como percebe os resultados de seus *feedbacks*? Tem alguma estratégia de acompanhamento?

2. Autodesenvolvimento

Significa ter um plano de atualização profissional, autogerenciável, independente da empresa contribuir financeiramente, pois a responsabilidade primária do desenvolvimento é do próprio profissional. Para isso, deve ter a mente aberta para enxergar o mundo sob um prisma diferente, sabendo-se que aprender a lidar com a ambiguidade e a incerteza é fundamental para a sobrevivência. Existem diferentes formas de se desenvolver. Descubra quais delas contribuirá para atingir o sucesso: aprendizagem em salas de aula presencial, ensino à distância, praticando ou se apropriando de conhecimentos através de pesquisas e leituras.

A prática regulamentar transforma-se em experiências, expande as capacidades e prepara para desafios maiores e mais complexos.

- O quanto se dedica ao desenvolvimento profissional?
- De quantos cursos, palestras, seminários e congressos participou nos últimos seis meses?
- Quantos livros relacionados ao seu negócio leu nos últimos seis meses?
- Tem participado de associações representativas de sua área de atuação? Compartilha experiências com seus pares?

3. Capacidade de despertar motivação

O Líder-*Coach* é modelo para os liderados. O seu comportamento determinará os comportamentos da equipe.

Questionar as convicções restritivas de seus colaboradores os ajudará a sair do lugar comum e a adotar novos padrões de comportamento. Um líder motivado despertará a automotivação da equipe. O líder é um gestor de competências, é responsável por aumentar a base de habilidades e por criar situações de aprendizado no ambiente de trabalho.

- Costuma abordar as pessoas chamando-as pelo nome e cumprimentando com entusiasmo?
- Se expressa com otimismo ao tratar de situações difíceis?
- Acredita no potencial da equipe? Como a equipe fica sabendo disso?
- O quanto demonstra motivação perante seus colaboradores?

4. Comunicar-se efetivamente

Ter a habilidade de explicar um tema ou de delegar uma atividade, descrever uma situação, falar em público ou escrever com objetividade é a capacidade de dar vida a ideias áridas por meio de imagens, exemplos, metáforas e entusiasmo. Atrair a atenção das pessoas pelo modo como se expressa, sempre buscando a frase e as palavras perfeitas.

A base da comunicação são os sentidos: ver, ouvir e sentir. O bom comunicador transforma o que vê, ouve e sente em informações claras e consistentes. Sabe interagir com diferentes perfis, falando diretamente em seus canais de comunicação preferidos: Visual, Auditivo e Cinestésico.

(O conceito dos canais sensoriais será especificado nas próximas páginas).

- O quanto está satisfeito com a sua comunicação verbal e não--verbal?
- As pessoas compreendem prontamente as informações que você transmite?
- O quanto se sente seguro ao falar em público?

- Você se considera eloquente?
- Seus textos escritos são compreendidos por quem os lê?
- Como avalia o seu carisma?

5. Criatividade

Ideia é uma conexão, representa nova perspectiva para desafios. A curiosidade ajuda a descobrir, sob a complexidade da superfície, conceitos simples para explicar as coisas como são. Todas as ideias são profundas, inusitadas, esclarecedoras; às vezes do contra, bizarras. Pessoas criativas são consideradas originais, conceituais ou mesmo brilhantes, por serem capazes de gerar novas ideias naturalmente.

- O quanto se considera criativo?
- Qual é o grau de facilidade para fazer novas conexões?
- O quanto se sente confortável ao se deparar com projetos que requerem criatividade?
- Como você se sente ao manifestar uma ideia criativa?

6. Delegação

Assim que comecei a trabalhar, ouvi de um de meus chefes: "Ensine o que você sabe, repasse o seu serviço, assim terá mais tempo para aprender". Foi uma das melhores lições que recebi em minha carreira.

Saber delegar é transferir a atividade de sua responsabilidade para outra pessoa de modo consistente. O Líder-*Coach* transfere a responsabilidade e autoridade de uma atividade para outra pessoa e compartilha o sucesso ou o fracasso da ação. Dessa maneira, contribui para o crescimento do colaborador. A arte de delegar requer planejamento e confiança.

- Você se sente à vontade ao delegar atividades?
- Você delega atividades ou as "delarga"?
- O quanto confia em seus colaboradores ao delegar atividades?
- Mantém-se disponível a quem você delega a atividade?
- Quando você delega, obtém bons resultados?

7. Desenvolvimento do outro

Para ajudar os colaboradores a atingirem os objetivos de carreira, o Líder-*Coach* deve conhecê-los profundamente. Faz-se necessário mapear as habilidades individuais, assim como identificar competências a serem desenvolvidas. Dessa forma, o plano de desenvolvimento de carreira será traçado, com ênfase nos resultados esperados por ambas as partes e na construção de uma equipe de alto desempenho.

- O quanto tem se dedicado ao desenvolvimento de seus colaboradores?
- Como acompanha o desenvolvimento de seus colaboradores?
- O quanto conhece os colaboradores que compõem a sua equipe?
- O quanto está satisfeito com o desempenho da equipe?

8. Estímulo ao trabalho em equipe

É missão do líder direcionar a equipe, transmitindo as informações de maneira clara, para que realizem as atividades e produzam resultados, mantendo o ambiente colaborativo. Também cabe ao líder desenvolver os seus colaboradores, apontar as falhas, orientá-los, inspirando-os a darem o melhor de si. E uma das funções mais importantes do líder é despertar a autoconfiança na equipe, encorajando as pessoas a assumirem atividades desafiadoras. O líder deve, ainda, avaliar a equipe, certificar-se de que as pessoas certas estão nas funções certas, apoiar e promover aquelas que estão inseridas no processo. Assim como, avaliar e tomar a decisão de afastar aquelas que não se integraram efetivamente.

- Quão positiva é a sua atitude em relação à equipe?
- O quanto se sente satisfeito com os resultados de sua equipe?
- Como acompanha o desempenho da equipe?
- O quanto os colaboradores acreditam em sua liderança?
- Como planeja desenvolver a equipe?

9. Gestão do tempo

O tempo é democrático. Todos recebem, diariamente, vinte e quatro horas para desfrutarem. O segredo está na forma a qual o organiza. Planejar as ações, cumprir prazos, saber dizer SIM quando tem disponibilidade para fazer o que lhe é solicitado e dizer NÃO sem causar transtornos, informando ao solicitante os motivos da negação. Assertividade é um comportamento útil àqueles que almejam utilizar bem o tempo.

- Você entrega os projetos nos prazos?
- As reuniões têm hora de início e de fim?
- Costuma ser pontual em seus compromissos?
- Faz agora o que deve ser feito ou deixa para fazer depois?
- Você se considera assertivo?
- Prioriza as atividades tomando por base a matriz: importante x urgente, não importante x não urgente?

10. Inteligência emocional

Significa ter autoconsciência do estado emocional. Reconhecer sentimentos e observar a ligação deles com os pensamentos. Ser capaz de avaliar as consequências das atitudes movidas pela emoção. Compreender o que está por trás de sentimentos como ansiedade, ira e tristeza. Saber diferenciar as sensações de nervosismo e de se emocionar. Perceber os sentimentos dos outros sob as perspectivas deles. O líder emocionalmente inteligente é bom ouvinte, excelente questionador, procura entender os fatos sem julgar.

- Como percebe suas emoções?
- Até que ponto sabe utilizá-las de modo produtivo?
- De que maneira interpreta o estado emocional da outra pessoa?
- Você age por impulso ou pensa antes de agir em situações de fortes emoções?

11. Liderança

Atuar de forma aberta, democrática, inspiradora e motivadora. Ter o poder de influenciar uma pessoa a cooperar voluntária e solidariamente.

No cenário corporativo, uma das ações da liderança é estabelecer e manter relações de qualidade entre as pessoas, de modo a obter comprometimento quanto à realização da visão da empresa.

Destacam-se, no exercício da liderança, profissionais com a habilidade em expor seus pontos de vista em situação de confronto. Eles sabem que esse é o primeiro passo para a resolução de conflitos. Em geral, os colaboradores se sentem atraídos por líderes que assumem posição clara e lhes dão a direção.

- O quanto se sente confortável ao expor seus pontos de vista, mesmo em situação de confronto?
- O quanto os colaboradores admiram a sua conduta de líder?
- A sua liderança é notada tanto interna quanto externa à organização?
- Como influencia as pessoas a fazer o que você quer?
- Está satisfeito com a sua maneira de orientar os colaboradores?

12. Pensamento estratégico

Capacidade de abrir caminho em meio à desordem e encontrar a melhor direção. É um modo diferente de pensar, uma perspectiva especial sobre o mundo em geral. Suscita perguntas recorrentes que ampliam a visão, determinam os próximos passos ou apontam possíveis obstáculos. Há sempre mais de uma escolha à disposição para solucionar qualquer situação. Assim, poderá selecionar as ideias que produzirão os melhores resultados.

- Diante de situações complexas, começa a se perguntar "E SE..."?
- Costuma visualizar várias soluções para o mesmo problema e selecionar a melhor?
- O quanto se sente hábil a mudar o ponto de vista da outra pessoa, sem fazer objeção aos pensamentos dela?

- O quanto se sente confortável ao argumentar sobre as suas estratégias?

13. Planejamento

Ato ou efeito de planejar. Traçar um plano, planificar, projetar, segundo *Larousse Escolar da Língua Portuguesa*.

Importante atividade de gestão. Tem a ver com previsão e organização de ações e processos que acontecerão no futuro. Está relacionado à estruturação de objetivos. O líder estratégico avalia cada um dos objetivos, seleciona aqueles mais alinhados com as diretrizes da organização, considerando a viabilidade de implementação e os resultados pretendidos.

- O quanto está satisfeito com o planejamento de sua unidade de negócio?
- Qual é o seu grau de conforto ao identificar pontos críticos quando o plano está em ação?
- Você costuma planejar as ações diárias, mensais, semestrais e anuais?
- Os seus colaboradores sabem quais são os projetos mais importantes da área?

14. Relacionamentos

Avaliar o grau de confiança estabelecido, a atenção, a linguagem, a percepção das emoções pessoais e das outras pessoas, o reconhecimento e a valorização das qualidades individuais. Além disso, cuidar para que as pessoas de seu convívio cresçam pessoal e profissionalmente.

- Como se relaciona com os seus pares, colaboradores e superiores hierárquicos?
- O quanto está satisfeito com a qualidade de seus relacionamentos?
- Você teria uma boa avaliação de seus colaboradores nesse pilar?
- Como avaliaria as pessoas de seu relacionamento?

15. Resiliência

Capacidade de retomar o equilíbrio emocional após sofrer grandes pressões ou estresse. Pessoas resilientes lidam com situações desafiadoras impondo ações efetivas. Com isso, elas conseguem recuperar o estado emocional e se reposicionar em curto espaço de tempo.

- Você aceita prontamente as mudanças?
- É capaz de manter o controle emocional diante de situações-limite?
- Acredita que as coisas podem mudar para melhor?
- Sabe a hora de se manifestar ou se calar com base nos fatos?

16. Saber ouvir

Segundo o provérbio chinês, "Você tem uma boca e dois ouvidos. Use-os nesta proporção". Essa habilidade significa prestar atenção consciente na outra pessoa, ouvir cuidadosamente, desprovido de julgamentos, alucinação ou distorção.

Saber ouvir é estimular a outra pessoa a falar mais, a especificar o tema. Isso é feito por meio de perguntas poderosas e repetição resumida das palavras proferidas pelo interlocutor.

- Você costuma parar o que está fazendo para ouvir as pessoas que o procuram?
- O quanto está satisfeito com a qualidade de atenção dedicada às pessoas de seu convívio?
- O quanto entende os anseios dessas pessoas?

17. Visão

Trata-se da autopercepção, ter ciência sobre a forma como se posiciona na organização e clareza a respeito do futuro. Enxergar além do horizonte, em detalhe, o que o futuro pode lhe reservar. As pessoas de visão, quando o presente se mostra frustrante, apresentam um quadro positivo da situação, apontam outras perspectivas para o amanhã. Elas são apreciadas por transmitirem mensagens otimistas e esperançosas.

Os visionários conseguem eliminar as barreiras que limitam a ação, tanto no campo mental como no físico.

- Sua visão está focada em sua unidade de negócios ou no todo?
- Percebe se há limites estabelecidos na forma como atua?
- Como se vê no futuro, dentro da organização?
- Quantos projetos estão definidos para o futuro?

Reflexão sobre o MAAC por meio dos sentidos sensoriais: Ver, Ouvir e Sentir

Após unir os pontos, perceba se a roda gira. Havendo pilares com pontuações abaixo de oitenta por cento, se nenhuma ação for realizada no sentido de desenvolver as competências mais fragilizadas, a tendência é de acomodação na carreira. Lembre-se: você é responsável pelo seu sucesso profissional.

O que vê em seu mapa de autoavaliação?
___
___

Se o mapa falasse, o que escutaria dele?
___
___

Como se sente ao ter em mãos o seu mapa das competências mais importantes para sua carreira?
___
___

Promova mudanças

Defina um plano de ação para elevar, de imediato, a pontuação de até três competências avaliadas abaixo de oitenta por cento. As primeiras ações devem ser factíveis, de simples execução, para motivar a continuação do processo. As ações mais complexas, tais como MBA e Pós-graduação devem ser planejadas.

Tabela 4 – Plano de Ação MAAC

Pilares	Ação	Data

Que evidências terá ao realizar as ações de cada uma das competências?

1._____
2._____
3._____

MAFIN – Mapa de Autoavaliação Financeira

Exercício 03 – Autoavaliação da Inteligência Financeira

Objetivo: Avaliar os pilares que representam o contexto financeiro, tais como planejamento, cartões de crédito, cheque especial, dívidas, orçamento doméstico, empréstimos e financiamentos.

Metodologia: Identificar o grau de satisfação com a utilização dos produtos financeiros, hábitos de consumo, orçamentos domésticos e planejamento, pontuando o mapa, de dentro para fora, de zero a cem por cento. Avaliações inferiores a oitenta por cento de satisfação merecem plano de ação imediata, para o devido equilíbrio. Uma boa gestão financeira se identifica quando as despesas mensais equivalem ao máximo de 70% da renda mensal líquida e 30% destinada à poupança / investimentos, lazer e doações.

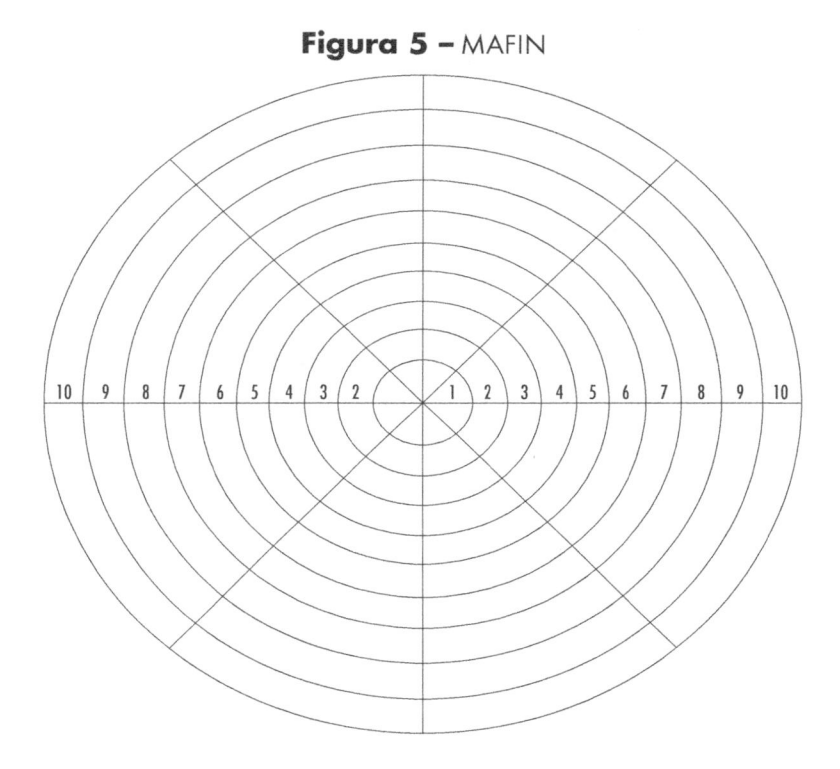

Figura 5 – MAFIN

A figura 5, após a avaliação dos pilares financeiros, evidenciará o equilíbrio ou desequilíbrio entre ganhos e gastos. O MAAC mostra como está distribuída a renda mensal líquida no momento atual.

Pilares do MAFIN – Mapa de Autoavaliação Financeira

1. Dívidas

O propósito é ter consciência do montante da dívida. Se a situação atual aponta gastos maiores em relação aos ganhos, é chegada a hora de tomar a decisão de cortar custos ou de aumentar a renda. Faça cálculos realistas para adequar o orçamento. Avalie a conveniência de tomar um empréstimo pessoal ou consignado, se for o caso, para quitar dívidas de juros mais altos.

- O quanto se sente satisfeito com a gestão das dívidas?
- Tem em mente o montante total da sua dívida?
- Paga as contas em dia?
- Qual é o percentual da dívida em relação à renda mensal líquida? Se a dívida está alta, trace um plano para quitar.
- Quanto paga de juros e encargos mensalmente?

2. Empréstimo consignado

Tipo de empréstimo concedido a longo prazo, os juros e as taxas variam de acordo com o valor contratado, o contratante e a instituição. Para aposentados e pensionistas, os juros são inferiores aos do empréstimo pessoal. As parcelas são descontadas direto em folha de pagamento do empregado ou aposentado que tomou o crédito.

- Tem empréstimo consignado?
- Há quanto tempo está pagando o empréstimo?
- Sempre que a instituição informa que você tem limite de crédito, assina o novo contrato?
- Para onde vai o dinheiro desse empréstimo?

3. Empréstimo pessoal

Dinheiro emprestado por um banco ou empresas financeiras. Nesse caso, o banco é o credor da dívida, empresta o montante solicitado após análise de riscos, cobrando uma taxa fixa de juros. As parcelas devem ser pagas na data prevista no contrato, para evitar cobrança de multa e juros de mora.

- Está devendo a bancos ou a outras instituições de crédito?
- Se sim, qual o percentual em relação à renda mensal líquida?
- Paga parcelas de empréstimo pessoal em dia?

- Tem parcelas em atraso?
- Quantas parcelas faltam para quitar?

4. Financiamentos

Produtos ofertados por instituições financeiras para custear moradias, automóveis, empreendimentos, viagens, estudos, entre outros.

- Paga parcelas de financiamento?
- Quantos por cento da renda mensal está comprometida com parcelas de financiamento?
- Quantas parcelas faltam para quitar o financiamento?

5. Orçamento doméstico

Organizar o orçamento para despesas fixas e variáveis, anualmente. Fazer o acompanhamento mensal, avaliando se as despesas orçadas foram realizadas ou não. Observar se houve aumento ou redução nos gastos.

- Tem controle sobre os gastos mensais com orçamento doméstico?
- Acompanha, mensalmente, se o que foi orçado foi realizado?
- Mês a mês, o seu orçamento doméstico mantém-se estável, aumenta ou diminui? Quais são as causas?

6. Planejamento

Planejar a compra ou consumir por impulso? Planejar é sempre a melhor opção. Entretanto, a ansiedade, a compulsão e o estado emocional são grandes vilões que movem as pessoas a gastos desnecessários. É importante observar quais são os hábitos de consumo. Uma vez identificados os vilões, procure adotar novos padrões em sua rotina, por exemplo planejar, guardar dinheiro e comprar à vista, negociando o preço.

- Quando vai ao supermercado fazer a compra mensal, leva uma lista?
- Quando vai passear em um *shopping*, é impelido a consumir coisas não planejadas?

- Você sabe para onde vai o seu dinheiro?
- Costuma poupar parte da renda mensal líquida?
- Como está a reserva financeira para emergências futuras?

7. Planejamento financeiro

Planejar é fazer reserva financeira para adquirir alguma coisa no futuro, preparar-se para a aposentadoria, viajar, estudar, cuidar-se. Ao guardar o dinheiro, mensalmente, terá mais recursos na hora de realizar um desejo, inclusive negociar o preço. Existem diversos tipos de investimentos, por exemplo: caderneta de poupança, certificados de depósito bancário (conhecidos como CDBs), fundos de investimento e ações. Para fazer um bom investimento, precisa ter em mente por quanto tempo poderá deixar o dinheiro aplicado e qual tipo de risco está disposto a assumir.

- Tem poupança equivalente a pelo menos um ano de despesas fixas?
- Planeja a aquisição de bens?
- Tem reserva financeira destinada à aposentadoria?

8. Uso de cartões de crédito

Sabendo-se usar é um excelente produto. Ao parcelar uma compra, deve-se anotar no orçamento mensal, mês a mês, para ter controle das despesas. Pagar sempre 100% da fatura. Ao optar pelo pagamento do valor mínimo sugerido pela operadora, estará arcando com juros caros. Outro risco é sacar dinheiro ou pagar outra dívida utilizando o limite do cartão. As taxas e os juros cobrados são altos para os casos de saques e pagamentos de carnês ou boletos.

- Paga 100% do valor da fatura na data do vencimento?
- Costuma sacar dinheiro do limite do cartão?
- Tem consciência de que as compras parceladas fazem parte do orçamento mensal?

9. Uso do cheque especial

O cheque especial é garantia de dinheiro rápido, sem burocracia, só que cobra juros mais altos que um empréstimo pessoal. Tome cuidado para não transformá-lo em complemento de renda. O custo dos encargos consumirá parte da renda mensal.

- O cheque especial representa complemento da sua renda?
- Costuma pagar contas com cheques pré-datados?
- Tem dívida no cheque especial?

Reflexão

O que vê em seu mapa de autoavaliação?
_____
_____
_____

Se o mapa falasse, o que escutaria dele?
_____
_____
_____

Como se sente ao ter em mãos o seu mapa financeiro?
_____
_____
_____

Promova mudanças

Defina um plano de ação para elevar a satisfação de pelo menos três itens avaliados em seu MAFIN. Observe se as despesas fixas ultrapassam 70%

da renda familiar mensal. Tenha especial atenção às dívidas com juros mais altos. Procure a instituição financeira e negocie. As primeiras ações devem ser de fácil execução, por exemplo, comece analisando o orçamento doméstico, verifique se é possível cortar gastos. O resultado positivo motivará a continuação do processo. As ações mais complexas devem ser planejadas.

Tabela 5 – Plano de Ação MAFIN

Pilares	Ação	Data

Quais evidências terá após realizar as ações de cada um dos pilares financeiros?

1. _____
_____
_____

2. _____
_____
_____

3. _____
_____
_____

Parâmetros de Sustentabilidade e o Líder-*Coach*

Um olhar além da equipe. Um olhar sistêmico, sustentável

A sustentabilidade empresarial é um conjunto de ações adotadas pela empresa, respeitando o meio ambiente e o desenvolvimento sustentável da sociedade. Requer atitudes éticas, primando por um plano de crescimento sustentável para proteger o meio ambiente, assim como colaborar com o desenvolvimento da sociedade.

Além de respeitar o meio ambiente, a sustentabilidade empresarial fortalece a imagem da empresa perante os consumidores. É notório o aumento dos problemas ambientais em razão do crescimento desordenado nas últimas décadas. Hoje os consumidores estão bem informados e mais conscientes de seu papel em defesa do meio ambiente. Na hora do consumo, buscam produtos e serviços de empresas sustentáveis.

É nesse cenário que o Líder-*Coach*, com visão ampliada do negócio, faz a gestão sempre em linha com as melhores práticas de sustentabilidade e age de maneira transparente e respeitosa com todos os envolvidos: colaboradores, acionistas, fornecedores, comunidade, *stackholders*, legislação. Ele presta contas e assume responsabilidade corporativa, procurando integrar os aspectos econômico-financeiros, sociais e ambientais.

Para cumprir o papel de líder sustentável, o Líder-*Coach* incorpora em sua identidade as seguintes competências.

Exercício 04 – Avaliação dos parâmetros de sustentabilidade

1. Pensamento sistêmico

Refere-se ao entendimento das relações de interdependência entre os diversos componentes da organização, assim como a organização em relação ao ambiente externo.

A sobrevivência e o sucesso de uma organização estão diretamente relacionados à capacidade de atender às necessidades e às expectativas de seus clientes, as quais devem ser identificadas, entendidas e utilizadas para desenvolver produtos adequados, criando valor necessário para conquistá-los e retê-los. Por outro lado, para perpetuar as operações, a organização também deve atuar de forma responsável em relação à sociedade e às comunidades com as quais interage, contribuindo, dessa forma, para o desenvolvimento socioambiental.

Essa competência está relacionada à Missão, à Visão e aos Valores da organização.

O quanto a missão da organização está orientada aos clientes?
_____
_____

Como a organização interage com a sociedade e a comunidade?
_____
_____

Os produtos ou serviços desenvolvidos criam valores suficientes para conquistar e reter clientes?
_____
_____

Você e os colaboradores estão alinhados à Missão, à Visão e aos Valores da organização? Como sabe?
_____
_____

A Missão, a Visão e os Valores estão congruentes com as ações da organização? Quais são as evidências?

_____

_____

2. Responsabilidade social

Define-se pela relação ética e transparente da organização, para com todos os públicos com os quais se relaciona. Está voltada para o desenvolvimento sustentável da comunidade interna e externa.

Preserva recursos ambientais e culturais para gerações futuras. Respeita a diversidade e promove a redução das desigualdades sociais como parte integrante da estratégia da organização.

A organização seleciona e promove, de forma voluntária, ações relacionadas ao desenvolvimento sustentável?

_____

_____

O quanto você se sente envolvido com as ações de responsabilidade social?

_____

_____

As ações internas de conscientização ecológica são adequadas?

_____

_____

O quanto está satisfeito com os resultados dessas ações?

_____

_____

3. Bem-estar

Analisa o grau de satisfação e otimismo dos colaboradores em relação à própria vida. Os indicadores incluem o aspecto emocional tanto positivo quanto negativo e avaliam a autoestima, a sensação de competência, o estresse e as atividades espirituais.

O ambiente proporciona qualidade de vida aos colaboradores? Quais são as evidências?

_____

_____

Os colaboradores manifestam comportamentos de satisfação e otimismo? Como?

_____

_____

4. Governança Corporativa

Relacionada aos processos, à cultura, à política e às leis. Inclui as relações entre toda a cadeia produtiva e os objetivos para os quais a corporação é governada, de modo sustentável. Esse tema é multifacetado, especialmente por sua natureza e pela extensão da responsabilidade, envolvendo acionistas, *stackholders*, sociedade, comunidades, além do público interno. Um dos impactos do sistema de governança corporativa está na eficiência econômica, com ênfase no bem-estar dos acionistas.

O quanto os colaboradores se sentem pertencer à organização?

_____

_____

Como participam das decisões da organização?
___
___

Como a empresa interage com a comunidade?
___
___

Qual a sua contribuição para desenvolver e manter o ambiente harmonioso?
___
___

Como contribui para um desenvolvimento econômico sustentável, proporcionando melhorias no desempenho das empresas?
___
___

Como avalia a eficiência econômica da empresa, com ênfase no bem-estar dos acionistas?
___
___

Plano de Ação

Quais competências pedem aprimoramento ou desenvolvimento?
___
___

O que vai fazer?
_____
_____

Quando vai fazer cada uma das ações?
_____
_____

Que evidências terá quando conseguir realizar seus objetivos?

1._____
_____
_____

2._____
_____
_____

3._____
_____
_____

Capítulo 6
Comunicação

*O significado da comunicação não é simplesmente
aquilo que você pretende, mas também
a resposta que se obtém.*

O esforço para compreendermos o significado da mensagem que a outra pessoa deseja transmitir equivale a mergulharmos em seu modelo de mundo e identificarmos os padrões utilizados para traduzir os sentimentos em palavras. A comunicação é complexa e essencial. Nós nos comunicamos o tempo todo, por meio de palavras, gestos ou postura, até mesmo o silêncio é uma forma de se expressar. O silêncio, muitas vezes, é a resposta.

A comunicação se explicita por meio da linguagem verbal, não-verbal e escrita. Nós nos expressamos e ouvimos de maneira sequencial, uma palavra por vez. O modelo se aplica à escrita e à leitura, mesmo considerando-se que esta última possa ser aprendida de forma mais global. Para ilustrar a comunicação entre duas ou mais pessoas, vou me apropriar do clássico modelo de *Claude Shannon*:

Figura 6 – PROCESSO DA COMUNICAÇÃO

Contexto
Situação e referências comuns

Emissor ⇐ **Mensagem** ⇒ Receptor

Canal de Comunicação

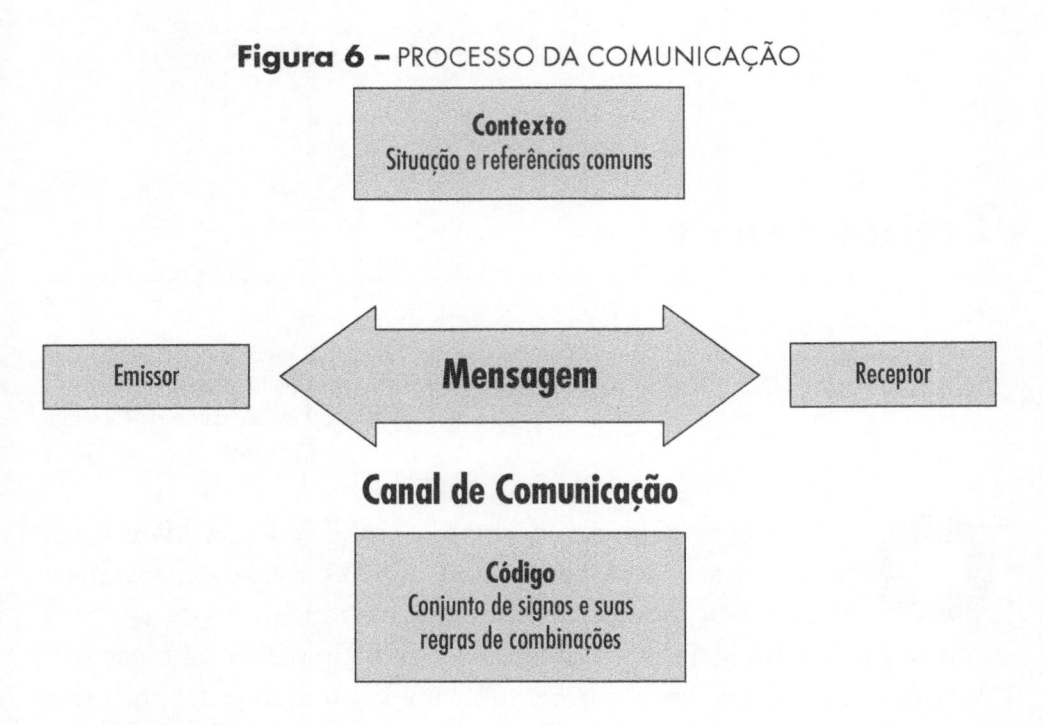

Código
Conjunto de signos e suas
regras de combinações

Esquema clássico da comunicação
Segundo *Claude Shannon, The Mathematical Theory of Commuincation, 1949.*

O modelo em questão, figura 6, mostra-nos que o processo de comunicação, para ser interativo entre o Líder-*Coach* e o colaborador, exigirá do Líder maior atenção na resposta, na maneira como reage o interlocutor. A construção de um sistema de comunicação eficaz requer o retorno da mensagem de modo congruente. Isso vai acontecer quando o comunicador perceber as pistas advindas do interlocutor, tanto verbais como não-verbais e adaptar a linguagem ao canal de comunicação preferido da outra pessoa.

Segundo *Albert Mehrabian*, pioneiro na pesquisa da linguagem do corpo na década de 1950, 38% da comunicação é determinada pelo tom de voz, inflexão e outros sons, 55% por meio de gestos, posturas, expressões faciais e somente 7% da mensagem é verbal, equivale ao uso de palavras.

A linguagem não-verbal é a forma mais sincera de comunicação, por apresentar vários sinais inconscientes. A linguagem do corpo expressa sentimentos.

Para conseguir mais qualidade na comunicação com o *coachee*, o Líder-*Coach* terá que desenvolver a habilidade da escuta consciente, prestar atenção nas palavras e sentimentos por trás da linguagem. Isso é possível estabelecendo-se o *RAPPORT*.

Em Programação Neurolinguística, *RAPPORT* significa:

Relacionamento de influência e respeito mútuo entre pessoas. Quando estamos em *rapport*, predispomo-nos a influenciar e a sermos influenciados. A construção do relacionamento de confiança começa quando somos capazes de nos posicionarmos no lugar do outro. Entrar na segunda posição e enxergar o mundo na perspectiva da outra pessoa, sentir o que ela sente, ver o que ela vê e ouvir o que ela ouve. Assim, podemos compreender os anseios dela, despidos de julgamentos, críticas ou rótulos.

Tipos de *Rapport*

Exercício 05 – Entendendo os tipos de Rapport

Confiança: É uma conquista. É vulnerável, pode ser quebrada a qualquer momento. O fato de uma das partes agir em desacordo às expectativas do outro é motivo para romper o rapport. Confiamos naquilo que faz sentido para a nossa realidade. Construir relacionamentos pessoais e saber em quem confiar não está categorizado entre as escolhas mais fáceis.

Como você decide confiar em outra pessoa?

_____

_____

_____

Quais são os principais atributos que servem como critérios para a tomada de decisão, em negociações ou relacionamentos?

_____
_____
_____

Liderança

Para estabelecer o *rapport* de liderança, primeiro o líder acompanha a outra pessoa; depois, conduz. Deve observar o ritmo, procurar entrar na realidade da pessoa e respeitar os termos que ela impõe. É como andar lado a lado, no mesmo compasso. Se um anda mais rápido ou mais devagar, o outro terá de se esforçar para acompanhar o ritmo. A chave é ouvir conscientemente o que a pessoa tem a dizer. Faça interações de modo que ela dê mais detalhes e perceba que há interesse genuíno de sua parte.

Quando conseguir acompanhar o ritmo, você terá chance de liderar. Conhecendo a realidade da outra pessoa, fará que ela o acompanhe da mesma forma que você a acompanhou. No *rapport* de liderança, é importante acompanhar no primeiro momento, sentir a outra pessoa; depois, conduzir.

Relate uma experiência pessoal ao praticar ou observar em filmes, séries, o *Rapport* de liderança.

_____
_____
_____

Equiparação

Espelhar o ritmo da outra pessoa, como uma dança. Esse comportamento mostra que você está disposto a entrar no modelo de mundo dela. Estabelecer uma relação de confiança, em que ambos se sintam confortáveis.

Na fala, observe o volume, o ritmo, o tom de voz. Observe, ainda, expressões faciais, a postura e os gestos. Equipare!

Qual resultado obteve ao equiparar-se ao seu interlocutor?

_____

_____

_____

Desequiparação

Ignorar o ritmo, o gesto e a postura da pessoa com quem está conversando. Desequiparar é útil para o encerramento de uma conversa, por telefone ou presencial.

Um caso muito corriqueiro no ambiente de trabalho ou até mesmo em família é quando alguém pede a atenção para comunicar algo e quem foi procurado está envolvido em uma atividade no computador ou outra qualquer e apenas diz: "Pode falar, estou te ouvindo". Não se equiparou à pessoa, portanto pode gerar falha na comunicação.

Isso é mais comum do que podemos imaginar. Vou compartilhar um fato real.

Maria, gerente comercial de uma grande empresa, entrou na sala do chefe, na segunda-feira, para pedir a ele dispensa na sexta-feira, emenda de feriado. Naquele momento, ele digitava qualquer coisa no computador e disse:

– "Pode falar, Maria, estou ouvindo".

– Sr. Jorge, quero pedir a sua autorização para eu me ausentar na sexta-feira – ela disse.

– Sexta-feira?

– Sim. Quinta é feriado e eu quero visitar minha mãe no interior.

Ele sequer olhou para Maria, continuou a digitar e apenas respondeu.

– "Tá".

Maria entendeu que estava autorizada a se ausentar do trabalho. Saiu da sala convicta de seu programa no fim de semana prolongado.

Chegou o feriado, Maria pegou a estrada com destino à cidade onde vivia a mãe. Para surpresa, na sexta-feira, quando desfrutava de sua "ponte" – termo usado quando se emenda feriados -, ao lado da mãezinha, o celular tocou... Do outro lado, ele, o chefe Jorge.

– O que aconteceu, Maria? Não vem trabalhar hoje?

– Chefe, segunda-feira, você me autorizou a fazer a "ponte".

– Não. De jeito nenhum eu autorizei. Eu precisava de você aqui hoje.

Ela teve que recapitular o fato para convencê-lo de que houve o acordo.

Esse é um dos grandes problemas quando não se estabelece *rapport* durante uma conversa. A desequiparação deixa a sensação de pouca importância, pode inibir a pessoa de se expressar, já que está falando com "as paredes". No processo de *coaching*, isso limita a percepção, inibe o *coachee* a continuar a se expor.

Como citei acima, desequiparar é útil quando desejar interromper a conversa. Para isso, deve mudar o tom de voz e fazer gestos que indiquem o fim da conversa, como: fechar o caderno ou agenda, olhar as horas, voltar-se para o computador entre outros. Se for ao telefone, poderá alterar o tom de voz, quebrar o *rapport* e informar a pessoa de que precisa desligar.

Reflexão

Você, alguma vez, atendeu seu colaborador, colega, par ou alguém de sua família sem prestar atenção, porque estava envolvido ou envolvida demais com a tarefa para interromper por minutos e escutar ativamente o que a pessoa queria dizer?

_____

_____

Você, alguma vez, foi recebido ou recebida por um profissional, colega, par, família que continuou fazendo uma atividade enquanto o escutava?

_____

_____

Nas duas situações, como se sentiu e como se sente ao refletir sobre o ocorrido?

_____

_____

O que pretende fazer da próxima vez que se deparar com situações semelhantes?

_____

_____

Ambiente

Refere-se ao ambiente de trabalho, social ou cultural. O lugar em que mora, frequenta socialmente, culturalmente ou trabalha. Geralmente, os padrões de vestuário ou aparência de certo modo se equiparam. Esse é um tipo de *rapport* que abre portas mais facilmente. As pessoas têm pontos em comum. É o princípio da relação de confiança.

Olhe ao seu redor. O que percebe no ambiente em que se encontra?

_____

_____

Quando vai visitar um cliente, procura saber antes como é o ambiente e se adequa a ele?

_____

_____

Comportamento

Equiparar movimentos da outra pessoa mantendo, ao mesmo tempo, a sua própria identidade e integridade. Observe em restaurantes ou festas, grupos jovens, em geral, as pessoas equiparam a linguagem corporal, principalmente no contato visual. Amigos, namorados, pais e filhos têm comportamentos semelhantes quando estão juntos. O *rapport* de comportamento se apoia em:

- Linguagem corporal: refere-se ao padrão respiratório, postura, gestos, conexão visual.
- Tom de voz: deve-se observar a velocidade da fala, o volume, o ritmo e os sons característicos (suspiros, hesitação).
- Linguagem: ao repetir as palavras ou frases-chave que indicam valores, que representam como a pessoa pensa, significa dedicar atenção de qualidade e de respeito à pessoa.

É comum ocorrer *rapport* de linguagem quando se resume o pensamento da pessoa para confirmar o entendimento, verbalizando: "Deixe-me ver se entendi". Nesse caso, faça breve resumo do que ouviu e confirme com a pessoa.

Exercitar os tipos de *rapport,* para fortalecer o grau de confiança de seus relacionamentos, é uma das mais poderosas maneiras de se obter sucesso em diversas áreas da vida. Isso exige habilidade e respeito. Você deve ter o desejo profundo e honesto de compreender o mapa de experiências da outra pessoa. A imitação pura e simples pode ser desconfortável e quebrará o *rapport* rapidamente.

Quando me refiro ao *rapport* como elemento para gerar relacionamentos de qualidade, acredito que existe verdadeira intenção de desenvolver comunicação fluída, respeitosa e eficaz.

Essa ferramenta é a primeira a ser aplicada pelo Líder-*Coach*. Sem *rapport*, o processo de *Coaching* deixará de ser *coaching*.

Rapport na prática

Exercício 06 – Sincronizar postura

1. Durante uma conversa normal com colega de trabalho ou amigo, modele-se na postura dele, de modo confortável para você. Se não for o caso, retifique a postura para ficar a mais parecida possível.
2. Após alguns minutos de conversa atenta, modifique progressivamente a sua postura, inclinando-se um pouco mais para frente, colocando-se com o tórax mais ereto, cruzando as pernas ou os braços. Apenas faça um movimento por vez. Se tiver bem sincronizado, depois de alguns minutos, o interlocutor vai mudar a postura e se equiparar com você de maneira intuitiva. Essa técnica mostra o poder de influência da sincronização corporal.

Exercício 07 – Sincronizar voz

1. Grave frases ditas no rádio, na televisão ou em uma conversa entre amigos, depois repita-as usando o mesmo volume, a mesma cadência; em seguida, o mesmo ritmo.
2. Durante conversas informais, com amigos, em restaurantes ou local de trabalho, por exemplo, varie a cadência de sua voz: primeiro sincronize com a cadência do interlocutor; depois, acelere a sua cadência; em seguida, reduza o ritmo.

Observe o impacto que a sincronização de voz produz na outra pessoa. Utilize o ritmo, o volume e discretamente a altura da voz.

Exercício 08 – Calibrar a bolha pessoal

Você está em pé diante de um amigo e conversam normalmente.

1. Dê um passo adiante, aproxime-se mais dele e continue a falar.
2. Observe o que vai acontecer. Talvez o seu amigo evite a conexão visual. Poderá demonstrar constrangimento ou virar o rosto para o outro lado. Se você insistir em se aproximar mais, invadindo o território dele, é possível que ele vá para trás com os ombros e o busto, rompendo o *rapport*.
3. Pergunte a ele como se sentiu com a agressão experimental. Esse é um jeito de conhecer o espaço do outro.

Repita a técnica com outros amigos e perceba a diferença de comportamento entre eles.

Fonte dos exercícios 6, 7 e 8: *Aprenda a liderar com a Programação Neurolinguística* (LONGIN, 2004).

Filtros universais da experiência

A PNL explora como os pensamentos são afetados pelas palavras. Em nosso modelo de mundo, podemos acreditar que a experiência e a linguagem são constituídas da mesma maneira. Tomar essa crença como verdadeira significa permitir que as palavras nos limitem, já que no processo de comunicação existem filtros: Omissão ou deleção, Generalização e Distorção.

Omitir ou deletar, generalizar e distorcer fazem parte da linguagem. São os filtros universais da experiência pessoal. É assim que nós nos comunicamos. Esses filtros são necessários para tornar o diálogo mais interessante. Entretanto, o uso excessivo poderá impedir que a outra pessoa compreenda a mensagem recebida do comunicador.

Omissão ou deleção

É um equívoco imaginar que as pessoas compartilham de nossas suposições. Elas não compartilham. O mapa da realidade é personalizado. Cada um carrega dentro de si experiências, crenças, valores e informações que podem gerar ruídos na comunicação. As lacunas entre as palavras e os sentimentos permitem ao expectador preenchê-las com o próprio conhecimento. Mas o comunicador não tem a intenção de enganar a quem quer que seja. A informação transmitida está clara em seu ponto de vista. Isso pode ocorrer consciente ou inconscientemente, por falta de acesso à palavra ideal para expressar a experiência tal qual ocorreu. Uma boa estratégia a ser aplicada nesses casos é interagir com perguntas para especificar a informação. Esse procedimento enriquecerá o mapa da realidade do comunicador e também o do interlocutor.

Para ilustrar a Omissão/deleção, leia o conto de Nasrudin.

O Rei falou comigo

"O Mullá voltara à aldeia depois de visitar a capital imperial. Os aldeões se reuniram à sua volta para ouvi-lo falar sobre as aventuras.
— Neste momento — disse Nasrudin — só desejo contar-vos que o rei falou comigo.
Todos ficaram muito excitados com a nova e dispersaram-se pela aldeia para a repetirem. Um homem, porém, não ficou impressionado com as palavras de Nasrudin. Deixou-se ficar para trás e, quando se viu a sós com o Mullá, pediu-lhe que repetisse, palavra por palavra, o que lhe dissera o rei.
— O que ele disse, e o fez muito distintamente para todos ouvirem, foi: – disse Nasrudin – Saia do meu caminho!"
As pessoas respondem à sua experiência, não à realidade em si".

Pressuposição da PNL

Distorção

A distorção é a forma como mudamos a nossa experiência. Ela pode acontecer tanto pelo exagero ao aumentarmos ou diminuirmos o tamanho, a forma, o volume do objeto ou quando alteramos a sequência dos fatos e incluímos informações que não faziam parte da experiência.

Como exemplo de distorção, posto aqui um clássico da PNL. Conta-se que "um homem apaixonado pegou a foto 3 x 4 de sua esposa e pediu ao Pablo Picasso para retratá-la em um quadro. Feita a obra, o homem olhou a imagem, comparou-a usando o seu referencial; não se sentiu satisfeito. Em seu modelo de mundo, a obra de Picasso estava muito diferente da imagem de sua amada. Então, tirou do bolso uma foto dela e mostrou ao Picasso para que ele percebesse a diferença. Picasso pegou a foto, olhou... olhou de novo... virou-se para o apaixonado e disse:

– Pequena, não?"

Essa metáfora demonstra a maneira como nós alteramos a imagem externa e criamos outra internamente. As respostas são formuladas com base no referencial interno.

Generalização

Aprendemos por meio da generalização. Generalizar é o elemento fundamental da lógica e do raciocínio. Consiste em comparar as qualidades comuns a uma classe de indivíduos, desprezando as diferenças e reunindo as qualidades comuns numa só ideia. Para exemplificar, imagine que entre as pessoas de seu convívio tem aquela a quem os amigos, colegas e família atribuíram a ela o rótulo de "pessoa lenta". Isso porque, ao falarem com essa pessoa, devem repetir pelo menos duas vezes a mesma coisa, para fazê-la entender. Na realidade, esse é somente um dos comportamentos dela. A própria pessoa não se acha lenta. Essa é a forma como ela processa as informações e isso abre espaço para que os outros generalizem e a percebam como "pessoa lenta". O fato de nos apropriarmos de exemplos únicos para conclusões gerais indica a utilização da generalização.

Generalizar, então, é considerar como representativo um só exemplo de uma classe de experiência. Já ouviu expressões como "todos os homens são iguais", "todo mundo foi mal na prova", "ninguém está cumprindo as metas"? O que há de verdade nessas sentenças é a realidade da pessoa que passou pelas experiências e obteve resultados aquém do esperado. Generaliza para se justificar.

Em síntese, o lado positivo da generalização é que pessoas hábeis em generalizar se mostram seguras de si, conseguem enxergar o mundo como um conjunto de coisas da mesma natureza. Entretanto, correm o risco de se tornarem inflexíveis em seu modo de pensar.

Que tal uma história?

O monge e os dois turistas
Autor desconhecido

No planalto do Tibete, um turista encontra um monge Zen e pergunta: "Diga-me como é a cidade de onde o senhor vem?"

O monge pergunta de volta: "Como era aquela que você acabou de deixar?"

O turista responde: "Muitos vestígios belos do passado, mas com pessoas sujas, feias, pouco hospitaleiras e mal-cheirosas".

O monge conclui: "Muito bem! Se você está indo para Touen-Houang, infelizmente acho que você vai encontrar pessoas sujas, feias e pouco hospitaleiras e que fedem a cinquenta metros de distância".

Ao se aproximar da cidade, o monge cruza no caminho com outro turista que lhe faz a seguinte pergunta:

"O senhor, tão sábio e culto, deve conhecer a cidade de Touen-Houang?"

"É a cidade de onde eu venho" – respondeu o monge.

O Turista quis saber: "E como são as pessoas de lá?"

"Como são aquelas da cidade que você acaba de sair?" - perguntou o monge.

"Maravilhosas, muito delicadas... Foi difícil sair da cidade para continuar minha viagem" – disse o turista.

"Ah! Aquelas da próxima cidade de Touen-Houang vão lhe parecer ainda mais maravilhosas. Boa viagem e que Deus o acompanhe para todo o sempre!".

Nessa história havia um discípulo acompanhando o monge e ele ficou intrigado com as distintas respostas dadas aos turistas referindo-se à mesma cidade. Então, perguntou: *"Mestre, o que o fez responder de modo diferente à mesma pergunta?"*

"A realidade de cada um deles. Não importa o lugar e sim o que está por dentro".

Comunicar por meio dos SISTEMAS REPRESENTACIONAIS

Processamos todas as informações por meio de nossos sentidos.

Pressuposição da PNL

Os Sistemas Representacionais nos mostram outro aspecto importante da comunicação. Ensinam-nos a compreender a nossa maneira de pensar e a identificarmos a voz interna, por meio da consciência corporal e dos sentidos: Visual, Auditivo e Cinestésico.

Figura 7 – Sistemas Representacionais

> **VISUAL** – imagens internas
> **AUDITIVO** – sons internos
> **CINESTÉSICO** – sensações(*)

(*) O sistema cinestésico, figura 7, é composto dos sentidos internos e externos de tato e consciência corporal. Às vezes, os sistemas olfativos ou gustativos são tratados como parte desse sistema.

No processo de *Coaching*, as pistas de acesso ocular contribuem para entendermos a comunicação não-verbal. Então, antes de avançarmos no conceito, proponho os seguintes exercícios.

A familiarização com a técnica proporcionará autoconfiança ao praticá-la com os colaboradores.

Exercício 09 – Consciência CORPORAL

Objetivo: Fazer inventário pessoal de seus pensamentos, sentimentos e emoções, sem mudar coisa alguma. Deve-se apenas observar e prestar atenção internamente.

- Escolha um lugar tranquilo, de preferência onde possa se sentar confortavelmente. Por alguns minutos, torne-se consciente de seu corpo, de sua respiração.
    - Do que mais tem consciência?
    - O que sente em seu corpo?
- Comece pelos pés, permita que a sua consciência suba pelo seu corpo.
    - Sinta a conexão entre todas as partes do corpo.
    - Que partes estão bem e quais não estão?
    - Apenas observe, sem julgar, sem mudar.
- Que pensamentos você tem?
    - Observe as imagens mentais, se as tiver no momento.
    - Quais são as qualidades dessas imagens?
    - Elas se movem com rapidez, lentamente ou estão estáticas?
    - Onde essas imagens se localizam em seu campo visual?
- Que sons você ouve em sua mente?
    - Está falando consigo mesmo?
    - Qual é a qualidade da voz?
    - Há outros sons?
    - De onde parecem vir?
- Como está o seu senso de equilíbrio?
    - É como se estivesse se inclinando muito para um lado, para trás ou para frente?

- Em que estado emocional você está? Qual é a emoção predominante?
    - Esteja consciente dela sem tentar mudar coisa alguma. Apenas respire suavemente. Agora, volte ao presente.

Essa técnica tem a função de nos tornar mais conscientes do "agora" e de nossas sensações. A prática nos leva a focalizarmos a atenção nos pontos a melhorar. Repetir o exercício, regularmente, aumentará o poder de percepção e de concentração.

Exercício 10 – Canal de comunicação preferencial

Descubra qual é a sua predominância: V.A.C. (Visual, Auditivo ou Cinestésico).

Introdução: O teste sensorial é útil para identificar a preferência em comunicação e aprendizagem. O resultado aponta o perfil predominante. No entanto, todos nós utilizamos os três sentidos em maior ou menor proporção. Conhecer o perfil predominante ajuda no autoconhecimento e amplia a percepção sobre os comportamentos dos outros perfis. Dessa forma, a pessoa vai definir estratégias que facilitem o processo de aprendizagem. Na comunicação, utilizará palavras adequadas para transmitir ideias, informações e adotará atitudes que afetam positivamente a quem a escuta. Todavia, podem ocorrer mudanças na preferência, considerando-se o estado emocional no momento em que efetuar o teste.

Objetivos

- Autoconhecimento e melhoria da percepção do sistema de comunicação e aprendizagem de seus colaboradores.
- Aumento da flexibilidade ao conhecer como funcionam pessoas com predominância diferente da sua.
- Ampliação do MAPA da realidade.

Metodologia

- Responda ao teste espontaneamente, para garantir a integridade do resultado.
- São doze conjuntos de três afirmações. Leia as três afirmações e atribua nota "0" para a afirmação menos habitual, "3" para a mais significativa e "2" para a que for mais ou menos.
- Ao concluir, transfira as notas para o gabarito ao final do teste. Faça a soma. A maior pontuação significa a sua predominância sensorial.

Teste sensorial – V.A.C.

1. Um amigo o apresenta a outro. Você:
   a. olha rapidamente e já o conhece bem ( )
   b. conversa por alguns minutos e já sabe de quem se trata ( )
   c. o aperto de mão é suficiente para saber com quem fala ( )

2. Vai se encontrar com uma pessoa que ainda não a conhece:
   a. repete para si mesmo o que vai dizer ( )
   b. pesquisou no *facebook* e separou uma foto da pessoa ( )
   c. está muito feliz com o novo contato ( )

3. Final do dia de trabalho e você não tem nenhum programa especial:
   a. decide ir para casa e assistir a um programa na TV ( )
   b. em casa, prefere ouvir música ( )
   c. vai praticar esportes ou se encontrar com amigos ( )

4. Ao escolher o seu automóvel, você procura:
   a. conforto e velocidade como quesitos fundamentais ( )
   b. perceber qualquer ruído diferente do habitual ( )
   c. apreciar o modelo e mantê-lo impecavelmente limpo ( )

5. Um amigo o convidou para almoçar fora. O que chama a sua atenção?
   a. a apresentação do prato ( )
   b. a música ambiente ( )
   c. o sabor e o cheiro da comida ( )

6. Seu chefe vai passar uma atividade. Você prefere:
   a. que ele passe as instruções por escrito para ficarem claras ( )
   b. que ele comece deixando você à vontade ( )
   c. que ele explique em vez de escrever ( )

7. Seu modo de se comportar em determinados ambientes é:
   a. observar as pessoas ( )
   b. falar em voz alta para encontrar a solução de um problema ( )
   c. levantar-se com frequência e se espreguiçar ( )

8. Conversando com outra pessoa, você:
   a. presta atenção ao que é dito e ao tom de voz ( )
   b. presta atenção nas expressões faciais ( )
   c. prende-se às atitudes dela ( )

9. Continua conversando com a pessoa e:
   a. se sente desconfortável porque a pessoa o toca enquanto fala ( )
   b. além de escutar o que a pessoa diz, percebe o tom, o ritmo, a cadência e o timbre da voz ( )
   c. se não faz contato visual com você, passa a impressão de não ouvi-lo ( )

10. No seu ambiente de trabalho, você:
    a. não consegue trabalhar em lugar desorganizado ( )
    b. sente o clima e a energia do local ( )
    c. fica irritado com um telefone que não para de tocar ( )

11. Assistindo a um filme romântico na TV, você:
    a. comenta em voz alta ( )
    b. se emociona facilmente ( )
    c. vê a imagem como suporte para enriquecer o diálogo e a música ( )

12. A primavera para você é:
    a. o gorjear dos pássaros logo cedo ( )
    b. a tonalidade das cores, dos tons de verde das árvores ( )
    c. a sensação de se sentir renovado ( )

Tabela 6 – Gabarito

Transfira as respostas para o gabarito.

	VISUAL		AUDITIVO		CINESTÉSICO	
	Letra	Nota	Letra	Nota	Letra	Nota
1	a		b		c	
2	b		a		c	
3	a		b		c	
4	c		b		a	
5	a		b		c	
6	a		c		b	
7	a		b		c	
8	b		a		c	
9	a		b		c	
10	a		c		b	
11	c		a		b	
12	b		a		c	
	Total		Total		Total	

Teste formulado pela autora tomando por base o livro de LONGIN, Pierre. *Aprenda a liderar com a Programação Neurolinguística*. Qualitymark, 2004

Decifrando os perfis dos sistemas V.A.C.

Visual

A pessoa com predominância ao sistema VISUAL tem boa concentração, aprende com facilidade ao ver ou criar imagens, enquadramentos e cores. Enfim, utiliza os recursos da visão em seu processo de comunicação e de aprendizagem. Em geral, faz pouca conexão visual e isso se justifica em razão da estratégia para acessar memórias ou para criar novas informações internamente. A pessoa volta os olhos para cima ou olha fixamente para frente. Outra característica do visual é manter distância pessoal ao ser apresentado a alguém. Em vez de abraços, estica o braço para cumprimentar a pessoa.

O perfil visual se define por sua postura ereta, fala rápido, gestos voltados para cima. Tem facilidade para perceber os pequenos detalhes. Por exemplo, ao entrar e sair de um ambiente novo, consegue descrever o que viu com riqueza de informações. Combina as cores da roupa e, na maioria dos casos, é muito organizado. Na mesa de trabalho, manterá o suficiente de material para desenvolver as atividades. As palavras mais utilizadas estão relacionadas a: brilho, cor, forma, belo, escuro, claro, nítido etc.

Em equipe, esse perfil é excelente para lidar com tarefas que exijam atenção aos detalhes, apresentações com excelente qualidade visual, misturando cores e formas.

Auditivo

Já a pessoa com preferência ao sistema AUDITIVO tem facilidade para aprender por meio da escuta. Enquanto escuta, costuma virar os ouvidos para quem fala. Na escola, não tem o hábito de tomar notas. Em vez disso, faz rabiscos em seu caderno. Apesar de parecer displicente aos demais perfis, as notas altas nas provas comprovam a habilidade da escuta ativa, sendo capaz de memorizar as informações sem a necessidade de escrevê-las.

Pessoas com essa preferência costumam inclinar levemente a cabeça à esquerda para ouvirem a informação e movem os lábios enquanto escutam. Apreciam uma boa conversa, desde que não seja excessivamente descritiva. Além disso, não conseguem prestar atenção em ilustrações. Em reuniões, se mantêm caladas. Mas quando são convidadas a dar opinião, são eloquentes ao argumentarem.

Quanto à aparência, os auditivos acreditam que combinar roupas não é importante e podem explicar claramente sobre as próprias escolhas.

Os auditivos têm o talento natural de imitar outras pessoas. Movimentam os olhos na lateral esquerda quando buscam lembranças e, à direita, para criar novas ideias ou imaginar situações. As palavras pronunciadas têm relação com eco, voz, barulho, silêncio, audiência, estridente, afinado etc.

Em equipe, o auditivo é excelente para falar em público e sintetizar uma informação com clareza e objetividade.

Cinestésico

Pessoas com preferência ao sistema CINESTÉSICO têm facilidade para aprender se envolvendo diretamente na atividade. Preferem ir direto à ação a prestar atenção a longas explicações. São inquietos e fazem muitos gestos quando falam. Na escola, procuram escrever tudo o que o professor diz. Outra característica interessante do cinestésico é que, para memorizar um texto, por exemplo, costuma ler em voz alta, andando de um lado para o outro.

O perfil cinestésico aprecia o conforto, não tem nenhuma dúvida nesse sentido, entre o belo e o confortável, vai prevalecer a escolha do conforto. Gosta de tocar as coisas. Aquela expressão "ver com as mãos" é típica dos cinestésicos. Gosta de sentir cheiros, perceber as sensações, de tocar a mão nas pessoas enquanto conversa. Acessa informações olhando para baixo.

Em geral, são aquelas pessoas que têm a mesa atulhada de coisas e costumam dizer: "Não ponha a mão! Com a minha bagunça, eu me entendo". O jeito de falar é mais lento. As palavras preferidas estão relacionadas a sentimentos e sensações, sabores, temperatura, textura, conforto, acolhimento etc

Geralmente são pessoas excelentes em relacionamento interpessoal.

Existe, ainda, o Auditivo digital que não faz parte do teste sensorial aplicado neste manual.

Veja como esse perfil funciona.

Digital

O sistema digital costuma fazer muitas perguntas e necessita de informações e fatos. O digital tem diálogos internos profundos e tende a buscar a lógica das coisas. A estratégia utilizada para aprender é criar histórias estruturadas a partir das informações recebidas. O digital repete a explicação como se estivesse conversando com outra pessoa para memorizar o conteúdo. Tende a se distrair com ruídos e barulhos.

Tabela 7 – Quadro resumido de comportamentos: V.A.C.

	COMO AGEM OS PERFIS		
	VISUAL	AUDITIVO	CINESTÉSICO
Comunicação	Fala rápido, voz alta, aguda, nasal.	Eloquente, voz clara e ressoante.	Fala devagar, faz longas pausas, voz grave.
Aparência	Coordena cores, aprecia a beleza.	Não combina roupas e explica as escolhas.	Arruma-se, mas logo se desarruma para trabalhar confortável.
Postura	Postura ereta, ombros para cima, cabeça erguida.	Corpo inclinado para frente ou para trás, inclina a cabeça à esquerda.	Postura relaxada, ombros distendidos, cabeça bem colocada nos ombros.
Memória	Recorda as imagens, esquece os nomes.	Recorda os nomes, esquece as imagens.	Recorda as atitudes, esquece-se dos nomes ou rostos.
Gestos	Descritivos, rápidos e firmes.	Arredondados ao redor dos ouvidos.	Amplos, de contato, no plexo solar.

Todos os sistemas são úteis. Não se classificam como bons ou maus. É dessa forma que a comunicação ocorre.

Vale relembrar que a predominância sensorial poderá mudar de acordo com estado emocional em que a pessoa se encontra no momento atual. Exemplificando, se a situação pede mais foco, planejamento ou organização, o sistema visual será mais forte; se estiver passando por fortes emoções ou processos de mudanças, o sistema cinestésico estará mais ativo. Havendo necessidade de memorizar informações, ater-se à pontualidade, o sistema Auditivo é ativado. Entretanto, estatisticamente, nos países latinos, o sistema Cinestésico é predominante, seguido do Visual e, com menor índice, o Auditivo.

"Os olhos são as janelas da Alma"

Por meio do olhar, comunicamos: amor, ódio, alegria, tristeza, entusiasmo, depressão, raiva, rancor e outros sentimentos, sem a necessidade de usar palavras. Tais sentimentos tanto podem ter vínculos com memórias recentes ou com um passado longínquo.

Para compreender essa dinâmica, estudiosos da PNL observaram o movimento dos olhos de um grupo de pessoas, no momento em que recuperavam informações armazenadas no cérebro. Eles perceberam que os olhos moviam à direita, à esquerda, horizontalmente, para baixo e para cima de acordo com a pergunta formulada.

O movimento dos olhos está correlacionado ao lugar em que a informação se aloja. Portanto, as pistas de acesso ocular se relacionam à comunicação, ao aprendizado e à recuperação de informação.

Em geral, o movimento à esquerda busca por lembranças, experiências; à direita ou fixo para frente, a imaginação e a criatividade. Entretanto, há exceções, algumas pessoas – *minoria* – podem funcionar ao contrário.

Reafirmamos que todos nós nos orientamos por meio dos três sistemas. Porém, cada um tem o seu sistema preferente. Mas, nós não somos o sistema em si. Ele faz parte das estratégias de formulação de ideias, de aprendizagem e da comunicação.

Figura 8 — PISTAS DE ACESSO através do movimento dos olhos

A figura 8 ilustra o significado do movimento dos olhos, de acordo com estudos realizados pela PNL. À esquerda: VL- visual lembrado; AL- auditivo lembrado; AI- auditivo interno (diálogo interno ou digital); À direita: VC- visual construindo; AC-auditivo construindo; C- Cinestésico.

Acessando lembranças. Criando novas ideias

Quando os olhos se movimentam à esquerda e à cima, indica acesso a imagens VISUAIS LEMBRADAS. Recordamos imagens internas visualizando as cenas, quadros, formas; depois, transformamo-nas em linguagem.

Exercício 11 – "Movimento dos olhos"

Objetivo: Observar o movimento dos olhos da pessoa quando ela acessa informações armazenadas na mente ou imagina situações. Faz parte do conjunto de pistas para interpretar a linguagem não-verbal.

Faça perguntas referentes ao passado e observe se o movimento dos olhos de seu interlocutor foi à esquerda. Lembramos que essa experiência não abrange 100% das pessoas. Há quem acessa lembranças à direita. Nesse caso, deve-se aprofundar as perguntas e se certificar de que se trata de exceção.

1. Qual era a cor dos cabelos de sua primeira professora?
2. Qual é o cômodo mais claro de sua casa?
3. Quantas portas tem a sua casa ou apartamento?

À esquerda, lateral, acessa os sons lembrados. O sistema AUDITIVO nos faz escutar música internamente, falar conosco e nos torna capazes de ouvir as vozes de outras pessoas. Imaginar o som de uma música ou o diálogo da última cena do filme significa que está utilizando o sistema AUDITIVO.

1. Qual foi a primeira coisa que você disse hoje?
2. Que música gostava de ouvir quando criança?
3. Qual de seus amigos tem a voz mais agradável?

Olhos voltados para baixo, à esquerda, acessa o AUDITIVO DIGITAL ou Auditivo interno.

1. Como é a sensação de sentir uma lã encostada em sua pele?
2. Como se sentiu hoje pela manhã, assim que acordou?
3. O que é mais importante para você, na sua vida, agora?

Movimento dos olhos à direita, acima, significa que a pessoa está construindo imagens, VISUAL CONSTRUINDO.

Faça perguntas voltadas ao futuro ou temas que a pessoa ainda não tem informações e precisará criá-las. Ela vai usar a imaginação. Lembrando: que há exceções. Existem pessoas que funcionam ao contrário: usam a imaginação do lado esquerdo.

O processo é idêntico ao anterior. Elabore outras perguntas e observe se realmente é um caso de exceção.

1. Imagine-se de cabelos azuis. Como se vê?
2. Como seria se você tivesse quatro braços?
3. Imagine um elefante cor de rosa entrando nessa sala.

À direita, lateral, são os sons construídos.

1. Qual é a sua música preferida?

Logo que a pessoa disser qual é a música preferida, peça a ela que coloque a letra de um hino naquela música e tente cantarolar.

1. Que pergunta você faria ao Presidente da República?
2. O que você ouviria se tivesse em outro planeta?

À direita, abaixo, acessa sentimentos e sensações corporais. É o sentido CINESTÉSICO.

1. Conte, de trás para frente, de 350 a 50, de cinco em cinco algarismos.
2. Qual seria a sensação de tocar a lua?
3. Imagine a sensação de um bloco de madeira transformando-se em seda.

O lado direito do cérebro é a parte criativa, da imaginação. É útil para desenvolver novos projetos, planejar, visualizar o futuro. Enfim, gerar novas ideias.

Tomar consciência da linguagem não-verbal é uma das maneiras de se autoconhecer e de compreender o outro. Entretanto, não se interpreta a linguagem do corpo tomando por base apenas os movimentos dos olhos. Há um conjunto de informações a serem observadas. Os gestos, por exemplo, são lidos em grupos. Deve-se prestar atenção na coerência das palavras, levando-se em consideração, também, o contexto, o tom de voz e as expressões faciais. Lembre-se: a linguagem não-verbal apresenta um conjunto de pistas.

A arte da Escuta Ativa

Temos uma boca e dois ouvidos, mas jamais nos comportamos proporcionalmente.
Provérbio Chinês

A arte da Escuta Ativa é intrigante. Ela deveria ser uma competência natural das pessoas. Mas, na realidade, a maioria prefere falar a escutar, por falta de tempo, paciência ou hábito.

Saber ouvir é essencial no processo de comunicação. O profissional que se dedica ao *Coaching* deve ser capaz de ouvir os anseios do *coachee* além das palavras, ou seja, o tom de voz, a postura, os gestos, o movimento dos olhos, a respiração são sinais relevantes durante a conversa. Por meio da observação de todos os elementos da comunicação verbal e não-verbal, o *coach* elabora perguntas poderosas que influenciarão o *coachee* a refletir e a agir. A arte da escuta ativa é uma das competências fundamentais no exercício dessa atividade e, para atingir o grau de excelência durante o atendimento, o *coach* se apoia nas seguintes estratégias: mantém-se em estado de PRESENÇA; Centrado, com a mente alerta e aberta a ESCUTAR ATIVAMENTE.

As habilidades do *coach* estão ao alcance de todos aqueles que desejam mudanças em suas vidas. Para isso, é preciso praticar a arte da **Escuta Ativa**, inserindo novos hábitos em suas condutas, ampliando a percepção de si, do ambiente e das pessoas do convívio. E por onde começar? Conscientize-se de seus pensamentos, sentimentos e atitudes. Que tal fazer uma pequena pausa neste momento e observar?

Exercício 12 - Observar os pensamentos

Onde estão os seus pensamentos neste momento?

_____

_____

Poderia classificar os pensamentos que estão ocupando a sua mente? Por exemplo: preocupações com coisas a fazer; conflitos do dia anterior; comportamentos inadequados seus ou de outros; o trânsito que enfrentará; política; religião; dinheiro; segurança etc. Como os classificaria?

_____

_____

Como se sente ao identificar pensamentos que dispersam a sua atenção?

_____

_____

Agora que observou os pensamentos e os classificou, você tem escolhas e poderá decidir o que fazer. Talvez um deles requeira ação. Se for o caso, faça já! Os pensamentos são apenas pensamentos, não são verdadeiros nem falsos. Por isso, crie o hábito de questioná-los: O que este pensamento quer me informar? Por que pensei nisto? Qual é a conexão com a tarefa que estou desenvolvendo? Os pensamentos interferem na qualidade da escuta ativa e dispersam a atenção.

Como a decisão está em suas mãos, somente você é capaz de agir para silenciar a mente e se dedicar à experiência por inteiro.

Exercite os três passos a seguir e potencialize a habilidade em Escutar ativamente.

Exercício 13 – Três passos para potencializar a escuta ativa

1. **Presença**. Manter o corpo e a mente no mesmo lugar.

Os fatos mais importantes de nossa vida acontecem no *agora*. *Ontem* é passado, nada se pode fazer a não ser aprender ou perdoar. O *amanhã* é futuro, o que se pode fazer é planejar. É agora, neste exato momento em que respiramos, contemplamos e vivemos. Se isso lhe faz sentido, faça mais uma pausa e observe ao seu entorno, perceba o que acontece no ambiente em que se encontra.

Quais são os sons, as formas, as cores, as imagens, os cheiros que percebe?

_____

_____

Aproveite e faça um mapeamento de sua postura, respiração, sentimentos. Sinta a coluna, seus ombros, o pulsar do coração, os músculos da face.

Como está respirando? Suave, rápido, ofegante, leve, profundo.

Não precisa mudar nada, apenas observe o que acontece quando direciona a atenção para uma parte do corpo.

Seus sentimentos, como os qualifica? Descreva suas percepções.

_____

_____

Repita a prática algumas vezes ao dia e verifique se os estímulos continuam os mesmos. Lembre-se: cada momento é sagrado e único. A vida é movimento. Portanto, desfrute da preciosidade do *agora* e faça fluir a comunicação.

Para compreender o estado de presença, observe o comportamento da criança quando ela ganha um brinquedo novo. Ela se envolve verdadeiramente e coloca a atenção naquilo que está fazendo. Sente-se inteira em sua experiência, vive o *presente*. Essa prática é excelente para resgatar a habilidade de manter-se no tempo atual.

Outra dica valiosa é respirar. A respiração nos conecta no momento, nos mantêm vivos, é a pausa necessária que nos levará ao segundo passo.

2. **Escuta ativa**. Saber ouvir conscientemente.

Ouvir consciente significa prestar atenção na pessoa, nas palavras, nos sentimentos, nas crenças e valores que embalam a mensagem. A habilidade da escuta consciente demonstra respeito e o forte desejo de compreender a realidade do interlocutor. Em estado de presença, é possível dedicar atenção de qualidade ao outro, pode-se ver o mundo sob a perspectiva dele, estabelecer a empatia. Exercer a escuta ativa é uma das maneiras mais respeitosas de se comunicar, pois o interlocutor será estimulado a esclarecer os seus pensamentos, tornando a comunicação clara e efetiva.

3. **Interagir**. Explore o tema, estimule a pessoa a dar mais detalhes.

As boas perguntas auxiliam nesse contexto. Elas eliminam possíveis ruídos na comunicação. Resumir o que escutou mostra o quanto está atento e curioso sobre o tema, evidencia que você está em *rapport* com o interlocutor. Acompanhar o raciocínio da pessoa, ora movendo a cabeça, ora inclinando o corpo para frente, ora se expressando com "sei", "sério", "hum", "entendi", "deixe-me ver se entendi...", "como foi isso exatamente?" são maneiras de demonstrar o quanto você se importa com a outra pessoa.

Exercício 14 – Checar o potencial de escuta ativa

Convide um amigo ou colega de trabalho para conversar. Pergunte sobre um filme ou livro de que a pessoa tenha conhecimento. Escute atentamente. Interaja com perguntas que ajude o colega a especificar melhor a informação. Após a conversa, anote a sua percepção. Como se sentiu? O que foi diferente?

_____

_____

_____

Retornando ao modelo de mundo das crianças, você já reparou como elas se comportam quando desejam aprender alguma coisa? Em geral, buscam o olhar, escutam, repetem as mesmas perguntas por várias vezes para obter a confirmação daquilo que desejam aprender. A criança presta atenção na resposta; depois, repete o que ouviu.

Vale ressaltar o pressuposto: "cada ser humano escuta aquilo que lhe faz sentido de acordo com a sua realidade" e, nem sempre, essa compreensão se reflete na mensagem anunciada pela outra pessoa. Nesse ponto, é de bom tom relembrar que o estado de presença no processo de comunicação tem o poder de enriquecer diálogos e de eliminar ruídos que possam interferir na qualidade das respostas. É preciso estar inteiro na experiência para se assegurar de que escutou a informação sob a perspectiva de quem a transmitiu.

Exercício 15 : Criar histórias em equipe

Objetivo: Estimular a escuta ativa da equipe e "quebrar gelo".

Metodologia:
1. O Líder-*Coach* fala um substantivo, escolhe a pessoa que vai dar a próxima palavra e toma nota.
2. O escolhido, após dizer a palavra, aponta o próximo e assim, sucessivamente, até que todos contribuam com a história.
3. O Líder-*Coach* deve repetir a rodada de palavras quantas vezes forem necessárias, considerando-se a quantidade de participantes, para completar a história. Ele deve coletar, no mínimo, 10 palavras.
4. Ao finalizar a coleta de palavras, o Líder-*Coach* cria e lê a história nascida de um grupo de pessoas. Depois, divide a equipe em trios e pede para reescrever a história utilizando todas as palavras coletadas.
5. Cada trio deve ler a história para o grupo, em plenária.
6. O *Feedback* sobre o aprendizado e as estratégias das equipes na construção das histórias é a etapa final.

Qual estratégia foi utilizada pelos trios para construírem a história?

_____

_____

Houve algum tipo de conflito? Se sim, como foi solucionado?

_____

_____

Qual foi o aprendizado?

_____

_____

Exercício 16 : Reproduzir um desenho por instrução

Objetivo: Entender a importância da escuta ativa no processo de comunicação.

Metodologia:

1. O Líder-*Coach* escolhe um desenho com formas geométricas.
2. Os participantes não recebem qualquer dica sobre a imagem que irá se formar. Também não podem perguntar; apenas escutam e seguem as orientações.
3. O Líder-*Coach* distribui uma folha de papel A4, lápis ou caneta aos participantes.
4. Em seguida, passa as instruções. Exemplo (cabeça de gato): desenhe um círculo. Dentro do círculo, desenhe duas bolas pequenas paralelas. Faça um pequeno triângulo no meio do círculo. Na parte inferior, faça um pequeno traço reto. Desenhe dois pequenos triângulos na parte superior do círculo. No traço feito na parte inferior, desenhe duas retas paralelas, de cada lado, levemente inclinadas.
5. Cada participante deverá mostrar seu desenho ao grupo.

Feedback dos resultados

1. Os desenhos ficaram iguais ao modelo ditado pelo Líder-*Coach*?
2. Cada participante deve falar o que entendeu ao receber as informações.
3. Qual foi o aprendizado?

Observação: Ouvir, sem interagir com perguntas ou resumindo o entendimento, resulta em interpretação da mensagem de acordo com a própria experiência. Isso não é escuta ativa.

Que Tal uma história?

A roupa faz diferença?

Autor desconhecido

Sem maiores preocupações com o vestir, o médico conversava descontraído com o enfermeiro e o motorista da ambulância, quando uma senhora elegante se aproximou deles e, de forma ríspida, perguntou:
- Vocês sabem onde está o médico do hospital?
Com tranquilidade, o médico respondeu:
- Boa tarde, senhora! Em que posso ser útil?
Ela, ainda mais ríspida, retorquiu:
- O senhor é surdo? Não ouviu que estou procurando pelo médico?
Mantendo-se calmo, o médico voltou a repetir:
- Boa tarde, senhora! O médico sou eu. Em que posso ajudá-la?
- Como? O senhor? Com essa roupa...
- Ah, senhora! Desculpe-me, pensei que estivesse procurando o médico e não a vestimenta.
- Oh! Desculpe, doutor! Boa tarde! É que... Vestido assim, o senhor nem se parece médico...
- Veja bem as coisas como são – disse o médico –, as vestes parecem não dizer muitas coisas, pois quando a vi chegar, tão bem vestida, tão elegante, pensei que a senhora fosse sorrir educadamente para todos e depois daria um simpaticíssimo "boa tarde!".

A senhora bem-vestida julgou as pessoas pela aparência. Ela interpretou a realidade conforme o próprio MAPA. Segundo o pressuposto da PNL, "O mapa não é o território", significa que as pessoas respondem de acordo com a experiência adquirida, não à realidade em si.

As metáforas ou histórias são excelentes recursos no atendimento *Coaching*. Elas têm o poder de dar significados diferentes às convicções limitantes, rompem bloqueios e inspiram novas possibilidades.

No exercício da liderança, também trará bons resultados.

Adote o *Storytelling*, a estrutura das histórias em sua gestão, e potencialize a comunicação.

Dicas preciosas para o atendimento *coaching*

A comunicação verbal, embora represente apenas 7% da comunicação, merece especial atenção. É possível mudar o significado das palavras "vingativas" ditas pelo *coachee* ou colaborador por palavras positivas e sonoras.

Tabela 8 – Palavras "vingativas"

Palavras	Ação
Ter	Tenho que fazer atividade física – Que tal? Quero fazer atividade física. Motivo: Querer é o começo da ação. Atitude levará ao propósito.
Precisar	Preciso emagrecer – Que tal... Quero emagrecer. Motivo: Vai emagrecer para agradar a quem? Se for a si mesmo, não precisa, tome uma atitude por vontade própria.
Dever	Devo fazer a tarefa – Que tal... Eu vou fazer a tarefa. Motivo: EU VOU é motivador, é ação. "Devo" caracteriza obrigação e desmotiva a ação.
Mas...	Eu quero fazer isso, mas... – Que tal... Eu quero fazer isso e... Motivo: Substituir o "MAS" por "E" inibe as desculpas, justificativas e parte para a ação.
Difícil	Vai ser difícil conseguir – Que tal... Não vai ser fácil conseguir... Motivo: Abrem possibilidades, apesar de NÃO SER FÁCIL, também não é impossível.
Tentar	Eu vou tentar – Que tal... Eu vou insistir até conseguir... Motivo: Se for importante, não tente, FAÇA! "Tentar" leva à desistência após a terceira tentativa. Portanto, use novas estratégias e INSISTA ATÉ CONSEGUIR.

Os verbos *ter*, *precisar* e *dever*, em determinadas circunstâncias, soam como obrigação e poderão desmotivar a ação do *coachee*. É possível que, por trás das palavras, escondam-se crenças limitantes. O "mas" é uma forma de negar o que se escuta. A respeito do "NÃO", o cérebro o desconhece. Reformule a sentença "Vai ser difícil" para: "Não vai ser fácil..." O cérebro vai entender: "Vai ser fácil".

Capítulo 7
O Despertar do Curioso – A arte de elaborar perguntas poderosas

Eu não procuro saber as respostas, procuro compreender as perguntas.

Confúcio

A habilidade em formular perguntas poderosas proporciona resultados excepcionais no trabalho em equipe, na comunicação, em reuniões de negócios, planejamentos, novos projetos e empreendedorismo, por despertar nas pessoas seu poder criativo, o entusiasmo e a autoconfiança. Perguntas positivas apontam novos caminhos e são úteis para investigar situações sem causar constrangimentos às pessoas, além de gerar relação de confiança.

Nesse sentido, o líder poderá despertar o curioso em seus colaboradores, estimulando a arte da pergunta. Essa habilidade desenvolvida em equipe aumenta substancialmente a capacidade de argumentar, e auxilia para uma comunicação fluída, específica e livre de ruídos.

A arte da pergunta positiva dá mais sentido às realizações.

O que boas PERGUNTAS fazem?

- Criam empatia: relação de confiança entre Líder-*Coach* e *colaborador*.
- Apontam necessidades: com frequência, o processo de *Coaching* extrapola a questão inicial abordada pelo *coachee* e avança em ou-

tros aspectos da vida dele. Da mesma forma, o líder poderá se apropriar dessa estratégia para aplicar em sua equipe e extrair mais informações dela.
- Definem metas e valores: é como ligar o interruptor e clarear a parte escura da mente do *coachee*, dando vida aos seus objetivos.
- A pessoa não poderá recusar este convite; Mesmo que seja para responder: "Sim, não, não sei...", ela será estimulada a pensar.
- Transformam: uma boa pergunta desmistifica convicções limitantes, gera novos padrões, desperta recursos internos e contribui na tomada de decisão.

Tabela 9 – Tipos de Perguntas

FECHADAS	São projetadas para fechar possibilidades. Apenas confirmam a informação com uma palavra, geralmente SIM ou NÃO. Devem ser usadas com critério, para evitar o risco de parecer um interrogatório. EX: Você está de acordo?
ABERTAS	Trazem novas informações. A força está no esclarecimento da mensagem. Inicia-se com: Que, Quem, Onde, Como, Quando, Por quê. EX: O que espera do processo de *Coaching*?
REFLEXIVAS	Fazem o colaborador repensar ou reafirmar as ideias e pensamentos que redundaram na resposta anterior. Ajudam a determinar verdadeiras objeções. EX: Se fosse um sucesso este novo modelo de gestão, o que teria mudado?
DIRETAS	Ampliam a ideia ou aspectos da situação e ajudam o colaborador a tomar elaborar a resposta. EX: De que maneira vai utilizar esses recursos?

A tabela mostra diferentes formas de se obter respostas. As perguntas devem ser simples, objetivas e curtas.

Perguntas bem formuladas têm poder avassalador. Vou compartilhar uma experiência pessoal. Ao final de 2009, em busca de uma resposta profissional, esta pergunta fez a diferença em minha vida: Se hoje fosse três anos à frente e você estivesse com o livro da sua vida nas mãos, que história estaria lendo?

O impacto dela foi tão forte que, naquele instante, eu me calei, não tinha resposta. Voltei para casa reflexiva e assim continuei por alguns dias. Depois de simular diferentes respostas, diferentes possibilidades, fui capaz de entender quais valores estavam me impedindo de tomar a decisão: confiança, respeito e amizade. Percebi quais passos eu deveria dar em direção ao meu objetivo, sem ferir meus valores. Ficou nítido o que eu queria ler no futuro projetado para 2012. Eu queria cumprir a minha missão de vida.

O Metamodelo – PNL

Esse foi um dos primeiros modelos da Programação Neurolinguística, desenvolvido por *John Grinder* e *Richard Bandler*. A denominação de Metamodelo se deu em razão de "meta" significar "acima" ou "além". Quando nos referimos ao metamodelo, reportamo-nos às experiências do modelo de mundo da pessoa, por meio das generalizações, omissões e distorções praticadas obrigatoriamente em sua linguagem.

O Metamodelo consiste em três categorias:

- **Omissões**: Ações e pensamentos limitados por omissão de parte da informação importante no diálogo. A omissão é notada na ausência de complemento da frase, por exemplo: Alguém diz: "Já estou farto". Cabe a pergunta – "Farto de quem ou de quê?"
- **Generalizações**: Agrupamentos de elementos de experiências em uma categoria geral, cujas experiências originais são apenas exemplos. Quando uma pessoa diz: "Isso sempre foi assim". Vale perguntar: "Sempre? Nunca, em algum momento, isso foi diferente?"
- **Distorções**: Informações que limitam as escolhas e criam problemas desnecessários.

Para ilustrar, contarei uma metáfora.

"A menina de oito anos chega em casa aos prantos. Diz que não é mais virgem. O pai inicia a discussão, culpando a mãe por ser mal exemplo. A mãe culpa o pai por sua irresponsabilidade. A distorção gerou o caos.

Quando a mãe acolheu a filha, perguntou-lhe como exatamente aconteceu. Ela disse: "Agora quem vai ser a virgem é a fulaninha. Eu vou ser a vaca". Referia-se à apresentação da peça teatral de final de ano em sua escola, sobre a Virgem Maria.

Omissão, generalização e distorção fazem parte da comunicação. Porém, quando a pessoa faz isso exageradamente, prejudica a compreensão do receptor, que poderá preencher o vácuo com a própria realidade. Foi o caso da metáfora em que os pais interpretaram a mensagem recebida da filha de acordo com o referencial deles. Não a escutaram.

Entendendo o objetivo do Metamodelo

- **Coleta informações**: Como explicado anteriormente, omitimos parte importante da informação quando transmitimos uma mensagem. A coleta de informações é uma estratégia para recuperar o que não foi dito.
- **Esclarece significados**: O comunicador transmite informações conforme suas experiências e isso poderá dificultar a compreensão de quem o escuta. Nesse caso, o Metamodelo oferece uma estrutura sistemática para perguntar: "O que exatamente você quer dizer?"
- **Identifica limites**: Costumamos generalizar a informação, tomando como exemplo situações consideradas representativas de uma classe específica, reduzindo as possibilidades. Exemplo: Todos os dias são iguais. Ao desafiar a afirmação usando o Metamodelo, descobrirá os limites e poderá ser mais livre e criativo. "Diga-me, exatamente como todos os dias são iguais?"
- **Oferece mais escolhas**: O Metamodelo não quer dizer exatamente dar as respostas certas ou o mapa certo, e sim enriquecer o mapa da realidade que já possuímos.

Exemplos de especificação da informação aplicando o Metamodelo

Tabela 10 – Recupere informações por OMISSÃO questionando.

AFIRMAÇÕES	FAÇA PERGUNTAS ABERTAS
Aquilo foi o resultado. (omissão simples)	O que exatamente foi o resultado?
Palavras foram ditas. (índice referencial)	Quem disse o quê? Que palavras exatamente foram ditas?
Trabalhei duro. (verbo inespecífico)	*Duro*, como exatamente?
Esse trabalho é muito chato. (comparação)	Chato comparado a quê?

Tabela 11 – GENERALIZAÇÕES

Questione e especifique as generalizações. Observe os quantificadores universais: todos, todas, ninguém, todo mundo, sempre, nunca etc.

AFIRMAÇÕES	PERGUNTAS
Sempre sei o que estou dizendo. (quantificador universal)	Isole o questionamento universal: "Sempre"? Exagere no questionamento: Entendo. Você sempre sabe o que está dizendo? Jamais se enganou, nunca, em toda sua vida?
Tenho que falar inglês fluente. (operadores de modo)	Causa: O que o obriga? Efeito: O que aconteceria se você não falasse inglês?
Não posso fazer isso. (consequências imaginadas)	O que o impede? Apenas suponha que pudesse. Como seria?

Tabela 12 – Distorções

Questione as distorções, as quais são deformações ligadas a pressuposições e a crenças.

AFIRMAÇÕES	PERGUNTAS
Ela está nervosa, nem nos deu *bom-dia*. (relações de causa e efeito)	De que forma o fato de ela não nos dizer *bom-dia* prova que não está bem? Você acha que, se ela dissesse *bom dia*, significaria que ela não está nervosa?
Ninguém gosta de mim. (leitura mental)	Peça evidências: Como sabe disso?

O segredo das PERGUNTAS PODEROSAS

Perguntas contêm PRESSUPOSIÇÕES

Quando o *coach* pergunta: "O que você quer? Está pressupondo que o *coachee* quer alguma coisa naquele momento. Em geral, a pessoa reflete um pouco sobre a resposta. Em seguida, poderá falar de seu objetivo. Nesse caso, o *coachee* aceitou a pressuposição.

Perguntas levam à AÇÃO

Boas perguntas podem significar uma maneira de renovação pessoal. Inspiram ações e abrem novas possibilidades. Movem as pessoas em direção ao que desejam alcançar, traçando metas e objetivos específicos, definindo o passo a passo rumo à realização.

A arte de elaborar perguntas poderosas segue um modelo

Perguntas poderosas começam com O QUE, QUEM, QUAL, COMO, QUANDO, POR QUE.

Ao iniciar a pergunta com O QUE, predispomo-nos a explorar metas, valores, identificar possíveis convicções limitantes, ecologia, indicadores de que está seguindo em direção ao objetivo.

A pergunta poderosa no processo de *coaching* tem a seguinte estrutura:[*]

- O QUE: especifica e orientada a meta.
- VOCÊ: refere-se ao *coachee*, tornando-o responsável.
- VERBO: vai indicar a ação do *coachee*.
- FUTURO POSITIVO: projeta o *coachee* para o futuro desejado.

Exemplos de boas perguntas:

- O que você quer exatamente? (META)
- O que você vai conseguir com esse objetivo? (VALOR)
- O que poderia impedir você de conseguir o seu objetivo? (OBSTÁCULO)
- O que você vai ver, ouvir e sentir quando conseguir o objetivo? (EVIDÊNCIAS)

Caso seja surpreendido com respostas negativas, mantenha a postura *coach* e lance outra pergunta buscando a especificação positiva do objetivo. O *coachee* poderá ter a meta de emagrecer, por exemplo, só que ao responder, por força do hábito ou timidez, dirá:

- Eu não quero continuar gordo.

A próxima pergunta é: O que você quer em vez disso?

As perguntas iniciadas com QUAL referem-se às capacidades de realizar, de lidar com imprevistos, de ter flexibilidade e preparar o plano B, C, D, de tomar a decisão de realinhar o objetivo, de compreender a ecologia. A pergunta QUAL instiga o *coachee* à ação, mesmo considerando que a falta de ação é também uma escolha.

---

[*] LAGES, Andrea & O'CONNOR, Joseph. *Coaching com PNL*, Qualitymark, 2006.

Exemplos de boas perguntas:

- Quais são as outras opções?

O *coachee* tem escolhas.

- Qual é o pior resultado que você poderia ter se fizesse isso?

Aponta possíveis consequências em desacordo com o planejado.

- Qual é o melhor resultado que poderia acontecer se você conseguisse isso?

A pergunta colocará o *coachee* em bom estado. Porém, ele poderá concluir que os ganhos não são os esperados.

- Qual é o pior resultado que você poderia ter se não fizesse isso?

Remete o *coachee* à decisão. A escolha está em suas mãos.

- Qual é o melhor resultado que você poderia ter se não fizesse isso?

Também explora as consequências da falta de atitude.

Perguntas que se iniciam com COMO referem-se às estratégias para atingir os objetivos, exploram os meios para realizar. Essa classe de perguntas virá após definir metas e identificar os valores por trás delas.
Exemplos de boas perguntas para eliciar estratégias:

- Como especificamente vai realizar?

O *coachee* definirá o passo a passo do plano.

- Como sabe que vai conseguir realizar?

Terá de elencar indicadores para evidenciar a realização.

Perguntas iniciadas com ONDE pedem informações sobre locais. Exemplos de perguntas poderosas para definir local:

- Onde exatamente você estará ao conseguir o seu objetivo?
- Onde exatamente você se vê ao conquistar o seu objetivo?

Perguntas iniciadas com QUANDO são importantes como sinalizadores de prazos para realizar os objetivos. Buscam informações limitadas pelo tempo e devem ser feitas após concluídos os passos anteriores.
Exemplos de perguntas poderosas para definir prazos:

- Quando vai começar?
- Quando fará as revisões em seu plano?
- Quando vai atingir o seu objetivo?

Perguntas iniciadas com POR QUE buscam justificativas e razões para agir. Podem ser: valores, significados, causas do passado ou culpa.

Quando a meta estiver definida, a pergunta POR QUE confirmará o valor por trás dela. O valor e o significado motivarão a pessoa a seguir em sua jornada.
Exemplos de perguntas poderosas para definir valor e significado:

- Você quer conseguir isso POR QUÊ?
- Conseguir isso é importante para você POR QUÊ?

Exercício 17 – Despertar do curioso

No processo de *Coaching*, perguntas são respostas.

1. Que desafios está enfrentando neste momento de sua vida?

_____

_____

_____

2. O que está impedindo você de conseguir os **resultados** que deseja?

___

3. Quais são as suas atitudes e os seus comportamentos quando vivencia o **sucesso**?

___

4. O que pretende **fazer** agora e em que ordem?

___

5. O que está disposto a **mudar em si** para conseguir o que deseja?

___

Dicas preciosas

PERGUNTAS são Desafios, Explorações e Aplicações

A curiosidade nos move em direção ao conhecimento, à aprendizagem e ao crescimento. **Esse comportamento abre as portas para a liberdade de escolhas.**

A minha curiosidade agora é saber: com que frequência você usa essa habilidade simplesmente por desejo de obter mais conhecimento? De que maneira a curiosidade influencia as suas decisões?

Figura 9 – O poder das perguntas

> Seja curioso, faça perguntas e estimule o raciocínio.
>
> Crie sua lista pessoal de Perguntas Poderosas.
>
> Questione o que o você Lê, Vê e Escuta.
>
> Lidere fazendo perguntas. Estimule os seus colaboradores a fazerem uma pergunta poderosa por dia.

A figura mostra como despertar a criatividade.

Capítulo 8
Dar e receber *Feedback* – Para desenvolver uma carreira de excelência

*Você só é um fracasso quando começa
a culpar os outros pelos seus erros.*
John Wooden (técnico de basquete americano, 1910-2010)

Por definição, o significado de *feedback*, palavra de origem inglesa, segundo o dicionário *Larousse* Escolar da Língua Portuguesa, é o controle de um sistema através de seu produto resultante. Retroalimentação, realimentação, autorregulação.

Sintetizando, *feedback* significa comunicar a outra pessoa sobre os seus resultados em determinada ação. A palavra tornou-se popular no mundo corporativo e podemos dizer que o *feedback* é uma das mais poderosas ferramentas de aprendizagem e desenvolvimento à disposição das pessoas. O *feedback* positivo ou negativo têm seu grau de importância no desenvolvimento pessoal.

Oferecer *feedback* negativo, embora seja uma das formas de comunicação mais difíceis que existe, é também uma das mais necessárias para o crescimento do colaborador. Enxergar os pontos a melhorar, a respeito dos quais a pessoa nada poderia fazer simplesmente por desconhecer, é o modo de contribuir com o desenvolvimento dela. Geralmente os funcionários têm medo de romper a relação ou de ter o futuro prejudicado por discordar da opinião do líder. Só que para Líderes-*Coaches*, *feedback* é uma conversa estruturada com base em fatos. Portanto, não há vácuo para más interpretações. Existe respeito e um forte desejo de contribuir com a evolução profissional do colaborador.

Já o *feedback* positivo é útil para provocar o funcionário a pensar nas estratégias que funcionaram bem e tomar consciência da ação específica. O objetivo também é gerar aprendizado. Estudos do comportamento humano apontam que a melhor maneira de se perpetuar bons comportamentos é reconhecê-los e reforçá-los. Líderes-*Coaches* sabem a hora certa para oferecer *feedbacks* positivos, podem até agir informalmente, só que o faz de imediato ou em data próxima ao fato ocorrido. Considera-se um bom *feedback* aquele que aponta as evidências: o que aconteceu, como, quando e qual foi o resultado. Trata-se do processo de orientação às mudanças de comportamentos. As ações de Líder-*Coach* com seu funcionário devem ser a de gerar aprendizado.

"Não existe fracasso, apenas feedback."
Pressuposto de PNL

Compete a liderança despir-se de julgamentos, críticas e preparar-se para transmitir ao funcionário informações valiosas sobre os resultados esperados a curto prazo. Essa atitude o influenciará a gerar novos comportamentos.

Como aplicar *Feedback* eficaz?

- ESPECÍFICO e PONTUAL, sem envolver questões mal resolvidas do passado. O foco são os comportamentos.
- OPORTUNO. O mais próximo possível do fato.
- DIRETO. Delegar a terceiros a função de passar o *feedback* é um grande equívoco. Em vez de gerar aprendizado, produzirá mal-estar e intrigas. Poderá ser interpretado como fofoca ou crítica destrutiva.

- OBJETIVO. Transmita a informação de maneira clara e honesta.
- REFORÇADOR e CONSTRUTIVO.
- CONFIANÇA é o vínculo essencial entre as partes garantir a eficácia do processo, de modo que a pessoa tome consciência de seus hábitos, assumindo o compromisso de se desenvolver e adquirir novos comportamentos.

O segredo do *feedback* eficaz está na capacidade de quem o oferece posicionar-se no lugar da outra pessoa. Assim poderá viver a experiência dela e compreender as possíveis reações desencadeadas a partir das informações recebidas. Essa abordagem motiva a outra pessoa a se abrir, expondo informações contidas em seu íntimo, sem se sentir ameaçada.

Tabela 13 – As dimensões do *feedback*

FORMAS	REAÇÕES	RESULTADOS
Verdade agressiva	Descrédito. Agressividade	Revide, raiva, conflito
Mentira carinhosa	Aprovação com Desconfiança	Estagnação
Mentira agressiva	Agressividade Afastamento	Mágoas e ressentimentos
Verdade com respeito	Aceitação, surpresa	Mudança, crescimento e aprendizado

O posicionamento do líder ao oferecer feedback a seus colaboradores resultará em boas ou más consequências, conforme descrições da tabela.

Exemplos:

- Quando é que você vai aprender a trabalhar direito? (verdade agressiva)
- Eu soube que você não tem trabalhado direito, mas não acreditei. (mentira carinhosa)

- Não é à toa que andam dizendo por aí que você não faz nada direito. (mentira agressiva)
- Fulano, você não tem feito o seu trabalho direito. É a segunda vez, neste mês, que entrega os relatórios com atraso. Além disso, em ambos os casos teve retrabalho porque os dados não bateram. Quando você age desse jeito, sinto que não estou exercendo boa liderança. As consequências de seu comportamento afetam a mim, aos seus colegas e às áreas parceiras. Quero propor a você que peça ajuda quando estiver com sobrecarga de trabalho e diga-me o que precisa para resgatar sua melhor *performance*? Se você fizer o seu trabalho direito, vamos entregar os projetos no prazo e todos ficaremos bem. O que você acha? (verdade com respeito)

Exercício 18 – Autoavaliação

- Quais são os meus resultados profissionais até este momento?
  _____
  _____

- O que aprendi com estes resultados?
  _____
  _____

- Com o resultado desse *feedback*, o que farei de forma diferente?
  _____
  _____

- Que tipo de *feedback* vai sinalizar o meu sucesso?
  _____
  _____

Modelo de *Feedback*

Tabela 14 – Modelo de feedback eficaz

Sequência do *feedback*	Definição
1- Quando você...	Descrever o comportamento sem exagerar, julgar ou rotular.
2- Sinto...	Conte como o comportamento da pessoa afeta o ambiente e os resultados.
3- Proponho que	Descreva a mudança de comportamento e peça o comprometimento da pessoa.
4- Por que...	Mostre como essa mudança de comportamento solucionará o problema.
5- O que tem a dizer?	Ouça a opinião da pessoa.
6- O que vai fazer?	Peça o comprometimento da pessoa com a solução do problema.

Exercício 19 – Estudo de Caso

Colaborador é promovido sem o preparo para a função

RJ da Silva sempre foi um funcionário exemplar quando trabalhava na área comercial. Pontual, trabalhador, senso de equipe, bem humorado. O seu gestor o via com potencial para assumir a posição de liderança, considerando a história na empresa e os resultados conquistados.

Finalmente chegou a hora da aposentadoria de um colega na área em que RJ trabalhava. Então, surgiu a oportunidade de promoção. RJ foi o indicado para ocupar a posição de gerente comercial, assumindo uma equipe de cinco colaboradores.

De início, ele se comportava entusiástico, descobrindo um mundo novo. Entretanto, após quatro meses, mudanças significativas nos comportamentos de RJ foram percebidas. Ele chegava atrasado quase todos os dias. Não conseguia acompanhar o ritmo da agenda, equilibrava-se entre a montanha de pastas sobre a mesa e a rotina frenética nas salas de reuniões. O brilho dos olhos dele se apagava a cada dia.

O desempenho de RJ começou a afetar outras áreas, devido ao atraso na entrega de relatórios. A equipe, antes autônoma, tornou-se dependente e sem vitalidade.

Perguntas

O RJ da Silva conhecia os atributos essenciais para exercer liderança?
_____
_____
_____

Apesar de suas competências profissionais, ele foi preparado para liderar uma equipe?
_____
_____
_____

Após assumir a função de líder, ele recebeu acompanhamento de seu gestor?
_____
_____
_____

O que poderia ter afetado o desempenho de RJ da Silva?
_____
_____
_____

Esse é o caso típico a ser recuperado. A vida pregressa do colaborador é cheia de virtudes. O que fazer? Você, como Líder-Coach do RJ da Silva, o que faria nessa situação?

_____

_____

Preparar o *Feedback*

Exercício 20 – Estruturar a conversa

Objetivo: Tomar consciência dos fatos e coletar evidências.

1. Conhecer os fatos – O que aconteceu?
2. Posicionar-se no lugar do outro, sem julgar ou rotular – Como seria para você receber esse *feedback*?
3. Falar do comportamento e não da pessoa – Quais comportamentos do colaborador merecem atenção imediata?
4. Comunicar-se de forma clara e objetiva – Como vai abordar?
5. Olhar para a pessoa – Estabelecer *rapport*.
6. Chamar a pessoa pelo nome – Estabelecer uma relação de confiança e respeito.

Preparar-se para oferecer o *Feedback*

Exercício 21 – *Feedback* para o desenvolvimento

Objetivo: Proporcionar aprendizado por meio da percepção de que o comportamento atual gera resultado diferente do esperado.

1. Ouvir com atenção – interagir com o funcionário, para ajudá-lo a esclarecer a situação.
2. Ter ação (orientar o colaborador para responder às perguntas de autoavaliação do feedback, exercício 18).

3. **Desenvolver plano de aprendizagem** – Apresente uma solução e confirme se o funcionário está de acordo.

O mundo ideal é chegar a um acordo conjunto. Caso o funcionário coloque obstáculos, você, como líder, deve dar a palavra final, apresentando um plano de ação e de acompanhamento.

Quando confiam em nós,
estão nos elogiando mais do que quando nos amam.
George Macdonald

Capítulo 9
Desenvolvendo a inteligência emocional

*Qualquer um pode zangar-se – isso é fácil.
Mas zangar-se com a pessoa certa, na medida certa,
na hora certa, pelo motivo certo e da
maneira certa – não é fácil.*
Aristóteles

É tendência do ser humano evitar a dor ou a rejeição, fugindo de emoções que possam afetar o seu falso bem-estar. Casos frequentes podem ser observados em ambientes de trabalho, por exemplo, os relacionamentos com pessoas "difíceis". Em geral, os colegas evitam o confronto direto e mantêm a convivência superficial por acreditar ser "melhor assim". O que se pode esperar quando não existe comunicação entre as pessoas que compartilham o mesmo ambiente? O medo de ferir egos ou de ter o seu ego ferido tem consequências. O resultado desse comportamento é o acúmulo de mágoas, ressentimento, além do clima de insatisfação.

Nota-se a necessidade de aprimoramento da inteligência emocional. As pessoas devem entender as próprias emoções e aceitar que todas elas lhes servem em algum contexto. Compreender o quanto as emoções são importantes e valiosas, auxilia no autocontrole ao enfrentar situações conflituosas.

A proposta do exercício a seguir é esquematizar as emoções desencadeadas nos ambientes de convívio, para que possa agir produtivamente em vez de reagir.

Exercício 22 – Líder emocionalmente inteligente[*]

Objetivo: Conscientizar-se das emoções e agir produtivamente.

Metodologia

1. Identifique a situação emocional.
2. Relacione as pessoas envolvidas.

Quais são as emoções desencadeadas da situação "X"?

_____
_____
_____

Entre as pessoas tem, pelo menos, uma que se mostra feliz e entusiasmada? Algumas delas costumam ter altos e baixos?

_____
_____
_____

Quando estiver com essas pessoas, procure identificar as emoções ativas, sem julgamento. Apenas faça um esquema estruturado em sua mente. Use o gabarito a seguir para atribuir notas a essas emoções.

GABARITO

1. Definitivamente não se sentem assim.
2. Não se sentem exatamente assim.
3. Não se sentem assim, nem deixam de se sentir.
4. Sentem-se mais ou menos assim.
5. Sentem-se definitivamente assim.

---

[*] CARUSO, David R. e SALOVEY, Peter. *Liderança com Inteligência Emocional*. M.Books, 2007

Tabela 15 – Análise Estado Emocional

Sentimento	Você	Pessoa 1	Pessoa 2
Irritado			
Feliz			
Amedrontado			
Triste			
Com amor			
Enciumado			
Envergonhado			
Surpreso			

Qual o aprendizado com as observações?
De que outra maneira você poderia agir?
Qual estratégia vai aplicar para obter resultado diferente em outra oportunidade?

Exercício 23 – Avaliar as emoções

Observe como as emoções externas, das outras pessoas, afetam os seus pensamentos. Essas pessoas são abertas ou fechadas à discussão?

_____
_____

Estão em busca de erros ou são capazes de enxergar mais escolhas?

_____
_____

Tabela 16 – Analisando as emoções

Pensamento	Você	Pessoa 1	Pessoa 2
Concentrado			
Atento			
Distraído			
Detalhista			
Cheio de ideias			
Enérgico			
Calmo			

Fonte: *Liderança com Inteligência Emocional* – David R. Caruso e Peter Salovey

Compreender as emoções

O uso inteligente do esquema emocional permitirá reduzir a incerteza. Esse exercício contribui com o aumento da percepção de si mesmo e de outras pessoas. É útil para reconhecer a emoção, acolher e apontar soluções, isento de julgamentos. Considere variáveis que possam ocorrer durante a reunião ou encontro. Planeje e pratique lidar com emoções que lhe parecem desconfortáveis.

Exercício 24 – *Seis passos para o controle emocional**

Somos a fonte de nossas emoções, nós as criamos. Partindo dessa realidade, também somos capazes de promover mudanças.

---

* Extraído do livro: *Desperte seu gigante interior*, ROBBINS, Anthony, 2010. Adaptado pela autora.

1. Identifique o que realmente sente.

O que eu sinto agora?

_____

Estou magoado ou é outra coisa?

_____

O que significa a emoção que estou sentindo? Qual foi a causa?

_____

O fato de refletir sobre a emoção e identificar o que o afeta é importante para reduzir a intensidade da dor.

2. Reconheça e aprecie as emoções, sabendo que elas lhe dão suporte.

- Julgar o que sente como coisa "errada" é uma maneira de destruir a comunicação honesta consigo mesmo e com as outras pessoas.

3. Seja curioso sobre a mensagem que a emoção está lhe oferecendo.

- A curiosidade ajuda a dominar a emoção e evita que ela volte a se repetir no futuro.

Pergunte-se:

O que eu quero sentir agora?

_____

O que estou disposto a fazer para criar solução e dominar a situação agora?

_____

4. Seja confiante.

- Investigue em sua mente uma situação em que obteve sucesso ao controlar a emoção.

O que aconteceu?

_____

Quando foi?

_____

Onde?

_____

Qual foi o seu comportamento de sucesso?

_____

Como se sente ao reviver a experiência?

_____

5. Tenha certeza de que você pode controlar as emoções a qualquer tempo.

- Use os sentidos: Ver, Ouvir e Sentir. Recorde suas estratégias de sucesso para controlar com facilidade a emoção.
- Assim como reviveu a experiência anterior, devem existir outras bem sucedidas em sua história de vida. Resgate-as!

6. Fique animado e entre em ação.

- Você pode dominar as próprias emoções.
- Ancore as boas emoções advindas de comportamentos de sucesso.
- Crie uma imagem. Defina uma palavra. Faça um gesto que possa usar em situações de estresse, para resgatar o bom estado

emocional. Resgate as melhores âncoras para ativá-las em momentos conflituosos.

Veja, no quadro a seguir, sugestões para agir produtivamente.

Tabela 17 – Como as emoções motivam os comportamentos?

Emoção	Motiva esse comportamento
Medo	Aja agora para evitar consequências negativas
Raiva	Lute contra a deslealdade e a injustiça
Tristeza	Peça ajuda e apoio a outras pessoas
Nojo	Mostre que você não aceitará qualquer coisa
Interesse	Estimule os outros a explorarem e a aprenderem
Surpresa	Chame a atenção das pessoas para o inesperado e importante

Fonte: *Liderança com Inteligência Emocional* – David R. Caruso e Peter Salovey

O psicólogo Roy Baumeister descobriu que, quando as pessoas evitam expressar as emoções, acabam retendo menos informações. Portanto, o líder emocionalmente inteligente se nutre de poder para conseguir resultados produtivos e bem-sucedidos.

Exercício 25 – Reações emocionais comparadas ao sinal de trânsito

- Em momentos de alto grau de estresse, *sinal vermelho*, procure parar, acalmar-se e pensar antes de agir.
- Inspire em quatro tempos; segure em quatro tempos; expire em quatro tempos. Repita o processo de respirar conscientemente por três vezes ou mais.

- Reflita sobre o que realmente aconteceu. Qual foi o fato em si? Escreva, sem carregar de emoções.

  _____

- Com essa atitude, você estará migrando para o *sinal amarelo*. É hora de se preparar para falar a respeito do problema com a outra pessoa, dizer como se sente sobre o fato em si.

  _____

- Antes, deve estabelecer uma meta positiva para solucionar o problema. Qual é a meta positiva?

  _____

- Ter a capacidade de enxergar muitas possibilidades de soluções. Quais são as possíveis soluções?

  _____

- Prever as possíveis consequências das ações. Quais são as possíveis consequências?

  _____

- Agora o *sinal* está *verde*, hora de agir. Coloque o plano em ação. Convide a pessoa ou as pessoas, se for o caso, para uma conversa direcionada a diluir o conflito.

Ter autocontrole sobre as emoções traz benefícios incalculáveis: serenidade, paz de espírito, autoconfiança, respeito e admiração.

Capítulo 10
Delegar e obter resultados

> *O único homem que não comete erros é o que nunca faz nada. O importante é nunca cometer duas vezes o mesmo erro.*
> Franklin Roosevelt

Delegar é uma habilidade importante na posição do Líder-*Coach*. É a maneira de incentivar o desenvolvimento de habilidades e estimular a criatividade de seus colaboradores. A arte de delegar é, fundamentalmente, um sistema de confiança em que o líder transfere tarefas e obrigações a outro, libera-se do trabalho operacional e coloca a atenção nas atividades estratégicas. Veja a seguir o método para delegar com segurança.

Exercício 26 – A arte de delegar

Objetivo: Conseguir repassar atividades a outras pessoas, de modo planejado e seguro.

Metodologia

- Identificar o que pode ser delegado.
- Quem poderá realizar a atividade.
- O quanto essa pessoa já conhece da atividade.
- Como vai supervisionar.
- Determinar o tempo para a execução da atividade.
- Ter acessibilidade.

Passo a passo

1. Explicar, exatamente, o que você quer que a pessoa faça.
2. Demonstrar como você faz a atividade a ser delegada.
3. Pedir à pessoa para fazer a atividade enquanto você a acompanha.
4. Eliminar todas as dúvidas. Faça a pessoa se sentir segura.
5. Se for transmitir informações, peça à pessoa que explique o que entendeu.

A arte de delegar requer planejamento e confiança.

Exercício 27 – Mapear as responsabilidades

Objetivo: Tomar decisão sobre o que pode delegar com segurança.

Tabela 18 – Responsabilidades

Atividades	Ações
Somente eu posso fazer	Intransferível
Exige atenção, é importante	Pode pedir ajuda
Gosto de fazer	Tem escolhas
Posso delegar	Delegue imediatamente

Exercício 28 – Romper bloqueios ao delegar

Objetivo: Descobrir se há crenças limitantes no processo de delegação.

Tabela 19 – Identificar bloqueios para delegar

	Exemplo: Ensinando	Exemplo: Delegando
	Contexto eficaz	Contexto ineficaz
Quais são suas metas?	Compartilhar conhecimento com outros e me divertir	Fazer com que a tarefa seja feita de forma certa
Como sabe que está alcançando sua meta?	A expressão no rosto das pessoas e meus sentimentos íntimos.	O resultado final da tarefa.
O que faz para alcançar suas metas?	Uso muitos exemplos e figuras.	Dou as instruções de maneira clara.
O que faz se não está alcançando suas metas satisfatoriamente?	Digo a mesma coisa em palavras diferentes. Tento conseguir que a audiência entre em um estado mais aberto.	Fico zangada.

Fonte: *Ferramentas para Sonhadores* – DILTS, Robert B., EPSTEIN, TODD e DILTS, Robert W.

A descrição da tabela foi feita por uma professora que se sentia bloqueada ao delegar uma tarefa específica a outra pessoa. Nesse caso, foi sugerido à professora incluir suas estratégias de ensinar na delegação de atividades. Com os ajustes, notaram-se mudanças no modo como ela passou a delegar tarefas. Delegar é um sistema de confiança.

Quais crenças podem impedi-lo de DELEGAR uma atividade?

Seguindo o exemplo anterior, complete a tabela com uma atividade que desempenha muito bem e sente dificuldade em passar adiante, para que outra pessoa a execute.

Tabela 20 – Estratégia para delegar

	Executando Contexto eficaz	Delegando Contexto ineficaz
Quais são suas metas?		
Como sabe que está alcançando sua meta?		
O que faz para alcançar suas metas?		
O que faz se não está alcançando suas metas satisfatoriamente?		

Como seria se pudesse modelar as suas estratégias eficazes no desempenho de uma atividade, de tal forma que outra pessoa a realizasse com o mesmo grau de qualidade atingido por você?

Agora que conhece o contexto eficaz e ineficaz, como vai promover os ajustes?

Que benefícios teria se pudesse liberar a atividade?

O que vai fazer?

Capítulo 11
Planejamento Criativo

Comece a fazer o que é necessário; depois o que é possível; e de repente, estará fazendo o impossível.
São Francisco de Assis

Amanhã será tudo diferente. Planejar é perda de tempo. Há quem alimente esse sentimento, pois os negócios já não funcionam como de costume. Os gestores lidam com a crescente incerteza, complexidade e ambiguidade nos ambientes de tomada de decisão. O cenário, denominado VUCA (Volátil, incerto, complexo e ambíguo) é imprevisível e desestimula o planejamento a médio e longo prazos, já que as estratégias de hoje podem não servir para o que virá no amanhã.

Exatamente por causa desse caos é que se deve planejar com criatividade. Agora, mais do que nunca, empresas e pessoas precisam se organizar para enfrentar o turbilhão de inovações e a criatividade ganha lugar de destaque, por ser uma poderosa ferramenta para apontar novas possibilidades. Não existe um só jeito de fazer as coisas quando se abre a mente para explorar o desconhecido.

Com a criatividade, podemos transformar "sonhos" em realidade. Afinal, quem nunca teve um sonho que parecia impossível e, após algum tempo, talvez anos, se realizou? Transformar sonhos em realidade é uma questão de estratégia. Quando uma pessoa consegue explicar o sonho com riquezas de detalhes, pode facilmente formular um objetivo específico.

O que ocorre, entretanto, é que a maioria das pessoas sonha, planeja e critica, simultaneamente. Esse padrão pode levar o Sonhador a abandonar uma ideia brilhante, em razão de concluir, precipitadamente, que o sonho é impossível. Mas aqui está a chave para o sucesso. Em Programação Neurolinguística, o modelo de criatividade chamado de "Estratégia Disney" nos ensina a separar os contextos, tornando o sonho mais nítido, dando a ele corpo, alma e sabedoria.

Você tem um grande sonho? Formule-o! Transforme-o em um objetivo específico. A estratégia da criatividade Disney tem três passos importantes para transformar seu sonho em realidade.

1. **Visualizar** o que deseja exatamente. Agir como se fosse transportado para o futuro onde o sonho foi realizado. Use a imaginação. Navegue pela linha do tempo, do presente para o futuro e observe o que acontece quando o sonho se realiza. Capte evidências como sons, imagens, cheiros, textura, sensações etc. Sinta-se como se estivesse assistindo a um filme em que você é o ator ou atriz principal vivendo a experiência do sonho realizado. Com suave curiosidade, preste atenção em todos os detalhes da experiência. Vale exagerar no resultado. Não importa o quanto vai custar o desenvolvimento desse sonho. O momento é para gerar ideias, enxergar possibilidades. Nesse espaço, tudo é possível. O sonhador representa a alma.
2. **Planejar** cada passo e traçar o plano de ação, com datas definidas para início, meio e fim. No futuro, você identificou as evidências. Agora o realizador vai montar o planejamento considerando todos os detalhes. O Realizador não questiona o sonho, o seu papel é organizar o planejamento, incluindo todas as ideias captadas durante a experiência na linha do tempo, em um plano de negócios. Significa colocar a "mão na massa", levantar dados, separar documentos, pesquisar. Enfim, ter uma visão geral das necessidades. O Realizador representa o corpo.
3. **Analisar criticamente** para alinhar o planejamento em termos de custos, pessoas envolvidas, prazos, resultados etc. O Crítico comparará a experiência na linha do tempo com o plano escrito, observará a coerência entre a visão do Sonhador e o planejamento, a partir de uma posição neutra. O lado racional estará trabalhando para garan-

tir a realização. O Crítico representa o conhecimento. Isso lhe dá o poder de aprovar, rejeitar ou sugerir ajustes. É o momento de questionar sob vários pontos de vista. Toda e qualquer observação do Crítico será incorporada primeiro à etapa do Sonhador, em seguida, ajustada na etapa do Realizador. O planejamento do sonho se concretiza quando o Crítico estiver satisfeito com todas ações descritas.

Ao finalizar os três passos, considerando-se os ajustes apontados pelo Crítico, você terá em suas mãos um planejamento bem definido. O seu sonho transformou-se em um objetivo específico, com métricas para acompanhamento, prazos e evidências sobre as etapas concluídas. Dessa forma, ampliaram-se as possibilidades de realizá-lo.

Se você é capaz de sonhar, também é capaz de realizar.
Walt Disney

Agora, imagine como seria propor projetos inusitados, ideias inovadoras que colocarão a organização em posição de destaque ante à concorrência. Pense nos clientes. Que tipo de produto ou serviço a sua empresa poderia lançar e atrair a atenção deles? Pense em seus funcionários. O que poderia despertar neles o desejo ardente de contribuírem com seu propósito?

A técnica a seguir foi modelada da estratégia Disney, modelo de criatividade da PNL.

Exercício 29 – Planejamento criativo

Objetivo: Transformar ideias em metas específicas e realizáveis.

Metodologia

- Defina três espaços distintos para realizar a atividade. Espaço 1 – do Sonhador; Espaço 2 – do Realista; Espaço 3 – do Crítico.

- No espaço 1 – *Brainstorming*. O ambiente deve ter à disposição: lousas, painéis, folhas A4, canetas, música, filmes, imagens, artefatos que estimulem a criatividade. A equipe anota todas as ideias, sem julgamento ou crítica. Trata-se de exercício para captar novas ideias.
- No espaço 2 – Planejamento. O ambiente deve ter à disposição: material de pesquisa, relatórios, estatísticas, computador. Enfim, todos os materiais necessários para a elaboração do planejamento.
- No espaço 3 – Crítico. Analisar a ideia em relação ao planejamento, com o poder de aprovar, reprovar ou sugerir alterações. Nessa fase levam-se em consideração os detalhes do projeto, a viabilidade, prazos, investimento, retorno do investimento, congruência do projeto com os valores da organização, quem é o público-alvo, como será realizado, pessoas envolvidas na aprovação etc.
- Planejamento em Ação
- Reúna as pessoas envolvidas no projeto no espaço 1. Defina o tempo em que dedicarão esforços na geração de ideias. Estimule-as a exporem livremente as ideias criativas. Tome nota de todas as ideias. Ao concluírem a fase de *brainstorming*, selecione as ideias viáveis de realização, avaliando todos os detalhes possíveis: recursos financeiros, pessoas envolvidas, tempo para execução, benefícios, a quem se destina, resultados esperados etc
- Eleja, entre as melhores ideias, aquela que vai ser transformada em planejamento.
- Mude para o espaço 2 e faça o esboço do projeto. Sem questionar, organize as ideias em um plano de negócios. Leve em consideração o tempo para o desenvolvimento, estratégias de lançamento, custos envolvidos, pessoas-chave etc.
- Mude para o espaço 3. O Crítico vai analisar e poderá sugerir ajustes. À medida que houver necessidade de ajustes, a equipe voltará ao espaço 1 para visualizar o projeto, incorporando a mudança sugerida pelo Crítico.
- Feita a incorporação, a equipe retornará ao espaço 2 para reescrever o plano.

- Esse ciclo se repetirá até que o Crítico esteja satisfeito com o planejamento.
- Por último, quando o projeto estiver estruturado e aprovado pelo Crítico, a equipe se posicionará no lugar do diretor, presidente ou dono da empresa e fará a seguinte pergunta: Se esse projeto fosse estruturado pelo diretor, o que ele faria de diferente?
- Seja qual for a mensagem que vier à mente, incorpore-a ao projeto e teste para saber se funciona passando pelas três posições. Faça os últimos ajustes, se for o caso.

Um sonho pode ser transformado em realidade quando se dedica tempo a avaliar todas as possibilidades e a traçar um bom plano de ação.

Especificação de objetivos no modelo SMART

Definição: O acrônimo SMART é uma fórmula eficaz para se definir objetivos de maneira clara, específica e facilmente compreendida.

Exercício 30 – Definir um objetivo SMART

- *Specific* (específica): O objetivo deve ser descrito de forma clara, concisa, fácil de ser interpretado ou compreendido.
  Exemplo de objetivo bem especificado: Aquisição de um carro, marca "tal", modelo "x", ano xxxx, na cor..., com tais acessórios, no valor de xx.xxx,xx, à vista (ou financiado em x parcelas de xxx,xx) até o dia 31 do mês tal de 2xxx.

  Qual é o objetivo exatamente? O que você quer?
  _____
  _____

  Todos os detalhes foram considerados?
  _____
  _____

- ***M**esurable* (mensurável): A mensuração do objetivo é feita por meio de indicadores passíveis de acompanhamento, quantitativos ou qualitativos.

    Quais critérios foram definidos para mensurar o objetivo?
    _____

    As pessoas envolvidas estão a par do tema?
    _____

    Como se organizou para desenvolver o plano?
    _____

- ***A**ttainable* (alcançável): Entender e clarificar todos os intervenientes do objetivo. Facilidades e possíveis dificuldades para alcançar o que se deseja.

    Qual é o investimento necessário?
    _____

    Quais recursos já estão disponíveis?
    _____

    Quais áreas estão envolvidas no desenvolvimento?
    _____

    Todos estão de acordo com as ações?
    _____

- ***R**ealistic* (realista): O objetivo deve ser tangível e relevante.

As pessoas envolvidas têm meios e autoridade para conquistarem o objetivo?

_____

O quanto é importante alcançá-lo?

_____

Como vai saber que o objetivo será realizável?

_____

- ***T****ime bound* (tempo): O limite temporal deverá ser bem definido.

    O cronograma está bem definido?

_____

    Qual é o prazo final?

_____

Exercício 31 – Visualização criativa

Objetivo: Sentir a emoção e as sensações, no futuro, como se já estivesse alcançado o que deseja. Ao criar a realidade, terá acesso a informações importantes para a elaboração do plano de ação.

Passo a passo:

- Estabelecer uma linha do tempo do presente para o futuro, que vai se alongando além da data definida para alcançar o objetivo.
- Definir uma data para alcançar o objetivo é motivacional, por ter evidências para acompanhar os avanços.
- Imaginar-se caminhando pela linha do tempo até a data definida no futuro.

- Visualizar-se, no futuro, desfrutando dos resultados.
- Registrar o que vê, ouve e sente quando está no futuro vivenciando a experiência.
- Guardar a imagem e as sensações e retornar ao presente com os recursos percebidos na visualização.
- Fazer um plano de ação.

Quais são as ações fundamentais para a realização desse objetivo?

_____

Quando se projetou para o futuro, identificou fatores de riscos? Quais?

_____

Como os solucionou?

_____

O detalhamento das ações em direção ao objetivo é fundamental para se obter bons resultados. Também serve como balizador indicando ajustes ao plano.

Capítulo 12
O Tempo como aliado

As pessoas eficazes não vivem voltadas para os problemas, elas vivem voltadas para as oportunidades.

Peter Drucker

A distribuição do tempo é democrática. Recebemos diariamente, vinte e quatro horas. Qualquer ser vivo tem esse direito adquirido. O tempo é personalizado, não é cumulativo, tampouco transferido para outros. Mas existem vilões por todos os lados com o propósito de nos distrair. Um pequeno descuido e lá se foram minutos, horas preciosas.

Para uma boa gestão do tempo, deve-se organizar os compromissos no decorrer do dia e ainda dormir com qualidade por um período de seis a oito horas. Mas esse é o famoso "calcanhar de Aquiles". Como fazer a gestão do tempo de tal modo que o dia pareça ter mais de vinte e quatro horas? Como seria conseguir essa proeza?

Um dos segredos de altos executivos, habituados a atender a inúmeros compromissos ao longo do dia, é deixar vinte por cento do tempo livre em suas agendas, destinados a eventuais imprevistos ou oportunidades. São pessoas focalizadas na solução. Nesse ponto, tomo como referência a sabedoria de Peter Drucker, que disse: "as pessoas eficazes não vivem voltadas para os problemas, vivem voltadas para as oportunidades". Quantas oportunidades passam diante de nossos olhos e nós as ignoramos por nos sentirmos presos no tempo, buscando soluções para os problemas? Quais seriam os ganhos pessoais se pudesse organizar o tempo de maneira equilibrada?

Infelizmente não existe uma receita do estilo "tamanho único" que se adequa às necessidades de qualquer ser humano. Isso porque a falta de habilidade em fazer a gestão do tempo pode estar relacionada a valores e crenças limitantes. A boa notícia é que existem modelos desenvolvidos por experts para auxiliarem os procrastinadores. Quem sabe um deles atenda as suas necessidades.

A minha preferência para desafiar os vilões que roubam o meu tempo é a hierarquia de critérios da PNL. Por meio dessa técnica, somos colocados frente a frente com tais vilões. Você tem ideia de onde vêm os vilões? Boa parte deles moram dentro de nós. Deve-se reconhecê-los e dominá-los ou nos tornaremos eternos escravos do relógio.

Essa técnica, baseada na hierarquia de critérios da PNL, tem se mostrado eficaz para solucionar a questão da falta de tempo reclamada por *coachees* que passaram pelo processo de *Coaching* comigo.

Exercício 32 – Critérios pessoais na gestão do tempo

Objetivo: Estabelecer prioridades para ganhar tempo e desfrutar das vinte e quatro horas do dia com mais tranquilidade e produtividade.

Metodologia:

1. Relacione, em uma planilha, todas as atividades rotineiras, pessoais e profissionais de sua responsabilidade, as quais são executadas diariamente, desde a hora em que se levanta da cama até a hora habitual de voltar a dormir.
2. Faça outra lista com as atividades esporádicas: semanais, mensais, semestrais e anuais.
3. Relacione também o que gostaria de fazer e não faz por falta de tempo.
4. Responda honestamente: a que horas costuma acordar e se levantar e a que horas costuma se deitar para dormir?

5. Quantas horas permanece acordado, considerando os horários citados?

_____

6. Separe as horas dedicadas ao trabalho, inclusive o tempo de trajeto entre a residência e a empresa para visualizar a distribuição das atividades. Há espaços livres na agenda?

Obter esse dado foi uma surpresa ou já estava consciente de quanto tempo se mantém acordado?

Separe o horário dedicado ao trabalho. O próximo passo é revisar os critérios de priorização e reorganizar a agenda no tempo que sobrou.

Chegou o momento de se desapegar de crenças. Observe, cuidadosamente, cada atividade que descreveu e decida o quanto ela é importante e essencial. Enumere-as para facilitar a escolha.

Imagine essas atividades ou compromissos transformados em pessoas e todas elas resolvem puxar você simultaneamente. Qual é a sua sensação ao ter dez ou mais pessoas gritando seu nome?

_____

_____

Essas mesmas atividades decidem pressionar você, brigam por sua atenção. Como se sente?

_____

_____

Elas são muitas e têm força suficiente para esmagá-lo. O que vai fazer para atendê-las?

1. Olhe-as, sinta-as, como se fossem pessoas diante de você, implorando por solução.

2. Decida qual é a mais importante, atribuindo a prioridade 1.
3. Qual é a outra mais importante e que depende exclusivamente de você para realizar? Segue a avaliação até priorizar a última atividade.
4. De novo, olhe-as, sinta-as e perceba quais delas poderiam ser descartadas ou delegadas? Separe-as.
5. Como se sente quando precisa descartar uma atividade?
_____
_____

6. Como se comporta quando colegas, pares ou superior imediato solicitam o seu tempo para fazer uma atividade importante para eles?
_____
_____

7. Pode identificar, no seu íntimo, se existem sentimentos relacionados a: "só eu posso fazer isso". "Eles confiam em mim para resolver esta questão". "Ter a mesa atulhada diz tudo sobre o quanto eu me dedico a essa empresa". "Eu posso fazer várias coisas ao mesmo tempo". "Eu gosto de ajudar os outros". Quais desses pensamentos fazem sentido na sua realidade?
_____
_____

8. Caso tenha identificado algum ou pensado em outro que não foi mencionado, a tarefa seguinte é desafiar o pensamento. Exemplo: Só eu mesmo sou capaz de fazer isso?
_____
_____

9. O que me impede de dizer: "Não, agora eu não posso". Por qual motivo eu evito ensinar essa atividade a outra pessoa?
_____
_____

10. Quem, entre nós, também poderia desenvolver essa habilidade?

_____

_____

Quanto mais desafiar os pensamentos, mais respostas virão à tona para ajudá-lo a se desapegar daquilo que não precisa estar, necessariamente, sob a sua responsabilidade.

11. Como se sente ao perceber que está sempre cuidando das coisas URGENTES?

_____

12. Por que as coisas se tornaram URGENTES?

_____

_____

13. Hora de organizar a agenda. Coloque primeiro as atividades rotineiras, aquelas que têm dias e horários predeterminados, até encaixar todas as responsabilidades.

Como se sente agora?

_____

_____

Encontrou tempo para fazer as coisas mais importantes para você?

_____

_____

Dicas preciosas

- Faça seu plano do dia. Relacione, em ordem de prioridade, as atividades mais importantes.
- URGENTE! As atividades urgentes pedem ação imediata. Muitas vezes dedicamos horas e horas de nosso tempo solucionando tare-

fas urgentes. Ao final do expediente, bate aquela sensação de que o dia não rendeu. O verdadeiro motivo desse sentimento está relacionado às atividades IMPORTANTES, àquelas que representam oitenta por cento dos resultados e foram preteridas em detrimento das urgências. O que vai acontecer na sequência? Elas vão ganhar o *status* de URGENTE e, de novo, o "bombeiro" é solicitado a apagar o incêndio.

Tabela 21 – Vilões do tempo

VILÕES INTERNOS	VILÕES EXTERNOS
Medo de delegar Não saber dizer NÃO Adiar prazos sem critério Desorganização Sentimento de "poder" Medo de julgamentos Autocrítica Distrações Preocupações	Interrupções Imprevistos Incompetência alheia E-mails WhatsApp Redes Sociais Telefone Trânsito

Os vilões do tempo apresentados na tabela são alguns daqueles que nos impedem de organizar a agenda. Vale observar quais são os seus vilões internos e externos e estabelecer um plano de ação para mudar os comportamentos.

Que tal uma história?

Pressa
Autor desconhecido

Certa ocasião, um esgrimista resolveu procurar um Mestre samurai para aprimorar a habilidade no manejo da espada. Chegando para o treinamento, foi logo perguntando:
- Mestre, quanto tempo levarei para aprender o que você tem para ensinar?
O Mestre calmamente fitou o candidato a discípulo dentro dos olhos e perguntou:
- Você está com muita pressa em aprender logo?
- Sim, Mestre! - disse o esgrimista. - Quanto tempo levarei?
- Você está mesmo com muita pressa em aprender? - tornou a perguntar o Mestre.
- Claro, Mestre! Repetiu o candidato, já em tom de impaciência. - Quanto tempo, Mestre?
- Você está realmente com tanta pressa? - mais uma vez arguiu o Mestre.
- Já disse que sim, Mestre. Não vamos perder tempo com isso... Quanto tempo, Mestre?
- Oito anos! - respondeu o Mestre.
- O quê? OITO ANOS? - exclamou, muito desapontado, o esgrimista. Nossa, Mestre!... Imagina então se eu não estivesse com pressa, hein? Aí então que demoraria mesmo... Quanto tempo não levaria, não é Mestre?
Aí seriam apenas dois anos - concluiu o Mestre.

Capítulo 13
Desenvolver Liderança

As competências de liderança podem e devem ser aprendidas, especialmente na prática, seguindo três passos: o primeiro é ter claro quais são as habilidades essenciais de acordo com as diretrizes organizacionais ou da área pretendida no curto, médio e longo prazos; o segundo é identificar entre os funcionários de sua equipe aqueles que, além de demonstrarem características de liderança, têm o desejo de exercer a função. Por fim, o terceiro é planejar o modelo de aprendizagem para aprimorar e desenvolver as competências dos futuros líderes. Vale lembrar que "o aprender está no fazer".

Exercício 33 – Avaliar o potencial de liderança

Objetivo: Identificar pessoas com potencial para sucessão em liderança e criar um banco de talentos.

Como identificar o líder potencial?[*]
Observe as ações, decisões e comportamentos que revelam o verdadeiro potencial para a liderança.

1. Qual é a ambição do funcionário?

_____

_____

---

[*] Extraído do livro *O Líder criador de líderes*, Ram Charam, Elsevier, 2008; adaptado pela autora.

2. A ambição do funcionário é claramente uma posição de liderança ou é mais orientada para contribuição individual?

_____
_____

3. O funcionário se orgulha da realização das metas com base em sua própria capacidade ou fala sobre unir e motivar os outros para atingir essas metas? Quais são as evidências?

_____
_____

4. O funcionário demonstra curiosidade em relação a temas fora da sua especialidade?

_____
_____

5. Entende o negócio e os fundamentos de gerar dinheiro, resultados positivos?

_____
_____

6. É capaz de articular claramente os requisitos para realizar bem o trabalho de seu líder? E o trabalho do líder de seu líder? Detalhar.

_____
_____

7. O funcionário tem plano de aprendizagem contínua? Cite pelo menos duas atitudes percebidas.

_____
_____

8. Obtém bons resultados em suas ações? O que é extraordinário nesses resultados?

_____
_____

9. Tem incessante motivação para moldar o ambiente externo e progredir? Como sabe?

_____
_____

10. Aprecia trabalhar com pessoas de alto nível ou traz consigo, para novo desafio, pessoas com as quais se sente à vontade e lhe são fiéis?

_____
_____

11. É motivado, apaixonado, em relação à liderança?

_____
_____

12. Lida com situações cada vez mais complexas e incertas? Utiliza fracassos ocasionais como oportunidade de aprender?

_____

_____

13. O sonho desse funcionário é inatingível ou é realista?

_____

_____

14. Há evidências de que tem metodologia para continuar a desenvolver novas habilidades e ajustar suas características de personalidade para atingir objetivos? Quais são as evidências?

_____

_____

Essa análise é o ponto de partida para desenvolver competências ou planejar a sucessão. As respostas apontarão a direção do desenvolvimento do colaborador.

As respostas do colaborador indicaram características de líder potencial ou de especialista?

Líderes-*Coaches* poderão se apoiar nas ferramentas do *Coaching* e cuidarem do desenvolvimento de seus colaboradores, mantendo um banco de talentos revisado e atualizado, para atender ao processo de sucessão com rapidez e eficiência.

Exercício 34 – Identificar competências de liderança

Objetivo: Diagnosticar as características pessoais e compará-las com as competências de liderança. Após analisar, traçar um plano de desenvolvimento.

1. Pesquisar as competências de liderança. Fazer uma lista.
2. Identificar as competências pessoais relacionadas à liderança. Fazer outra lista.
3. Comparar as duas listas. Quais competências lhe faltam?
4. Traçar um plano de desenvolvimento.
5. Estudar o perfil de grandes líderes e modelar, na medida do possível, as características deles.

Exercício 35 – Monitorar o banco de talentos

Objetivo: Manter o banco de talentos atualizado.

Questões para avaliar a qualidade do banco de talentos.

1. O banco de líderes é diversificado em termos de idade, sexo e habilidades funcionais?

_____
_____

2. Ele se concentra externamente em desafios e oportunidades ou se concentra quase exclusivamente em operações internas?

_____
_____

3. Inclui perfis de riscos variados – no banco de talentos inclui perfis que se dedicam a buscar melhorias incrementais, assim como aqueles que se sentem à vontade assumindo riscos maiores?

_____
_____

4. É orientado a inovações e a novas oportunidades ou é, em geral, defensivo?

_____

_____

5. Os líderes do banco de talento se concentram em atingir a excelência individual ou a excelência em liderança?

_____

_____

Avaliar com regularidade o banco de talentos para acessar informações relevantes e identificar possíveis necessidades de alinhamento.

Concluindo, o processo para desenvolver liderança exige do Líder-*Coach* um plano de acompanhamento aos futuros sucessores e frequente monitoração do banco de talentos. Dessa forma, a demanda por sucessão será atendida internamente. O resultado dessa estratégia, além de reduzir o tempo para repor uma vaga, diminui os custos com processo de seleção.

Desenvolver Líderes por meio da MODELAGEM

A modelagem é uma estratégia de aprendizagem acelerada para a detecção e utilização de padrões no mundo.
John Grinder

A frase sábia de John Grinder, co-criador da PNL, esclarece bem o que é exatamente a Modelagem: uma estratégia de aprendizagem acelerada. Ela estuda um profissional de destaque em sua área de atuação, observa cuidadosamente como esse Modelo faz o que faz, mapeia os processos bem-sucedidos, base de desempenho excepcional dele, visando transferir o conhecimento a outras pessoas.

O campo da Programação Neurolinguística se desenvolve além da modelagem dos processos do comportamento e dos pensamentos humanos. Os procedimentos da modelagem na PNL envolvem a descoberta de como o cérebro está operando, a análise dos padrões de linguagem e a comunicação não-verbal. Os resultados dessa análise são codificados e se transformam em estratégias de ensino e aprendizagem. É importante estruturar o passo a passo ou programas para transferir as habilidades a outras pessoas.

Exercício 36 – Modelar competências

Objetivo: observar padrões de excelência em líderes de sucesso consagrado, estudar as estratégias deles, formatar um plano de aplicação dos padrões identificados e treinar novos líderes.

Metodologia:

1. IDENTIFICAR – reconheça o LÍDER de sucesso consagrado que deseja modelar. Observe como ele faz o que faz.
2. CONTEXTO – tenha acesso ao contexto e o assimile inconscientemente. Leia artigos, livros, assista a vídeos e, se tiver acesso à pessoa, marque uma ou mais entrevistas.
3. PRATICAR – assimile as características do modelo e incorpore-as. Repita os comportamentos, as características e as estratégias do Líder escolhido como modelo.
4. CODIFICAR – descreva o aprendizado, com riqueza de detalhes, quando se colocar na posição do líder modelo.
5. TESTAR – analise o código ou padrão identificado nos comportamentos do líder modelo. O padrão descrito funciona? De 0 a 10, o quão próximo chegou aos resultados do modelo?

No item "3" – Praticar, existe um *looping* (circuito). Você irá praticar, voltar ao contexto, confirmar e praticar de novo. Quando conseguir repetir o padrão naturalmente, passe para o próximo passo. Codifique – descreva o aprendizado.

Passo a passo:

- Encontrar o seu estado de *performance* – consiste em esvaziar a mente e colocar a atenção no que faz, com energia e vitalidade. Refere-se àquele modo natural de como você se vê em situações que exigem rápidas decisões, como evitar um acidente de trânsito, por exemplo, quando age sem pensar e, em geral, obtém bons resultados. Ou quando evita que uma criança sofra acidente. Com um movimento rápido, consegue impedir que ela caía ou engula qualquer coisa, sem precisar pensar no processo. Age por instinto. Esse é o seu estado de *performance*, que define a sua postura de poder. Estado de *performance*, neste caso, é o ato de tomar decisões rápidas e assertivas.
- Manter o estado de *performance* – é observar se há influência do diálogo interno. Se houver, crie uma estratégia para silenciar a mente. O diálogo interno nos faz perder o estado de poder ou de *performance*.
- Faça uma lista de coisas que o fazem sair do estado de alta *performance*, por exemplo: telefonemas, *e-mails*, interrupções de colegas ou da equipe, preocupações etc.
- Cada vez que perceber a manifestação de uma delas, conscientemente poderá mudar o estado, entender a razão de ela ter se manifestado, saber qual é o aprendizado e o que vai fazer para silenciar o diálogo interno, de modo congruente.

Exemplo: A voz interna fala da preocupação com o telefonema que deixou de fazer pela manhã ao cliente. Nesse caso, requer uma ação. Ou você liga de imediato e se livra do diálogo interno ou toma nota da pendência para resolver depois.

Concluída essa etapa, partiremos para o próximo passo: SIMULAÇÃO.

- O modelo de líder de sucesso consagrado será o seu *"Coach"* para desenvolver em você as competências de Líder-*Coach*.
- Faça uma lista de dez características ou comportamentos marcantes que atribui ao seu *Coach* o *status* de melhor profissional do universo. Ou recorra à lista feita no exercício 34 – identificar competências de liderança
- Faça outra lista com dez características ou comportamentos pessoais que você acredita serem úteis para exercer a função de Líder-*Coach*. Ou recorra à lista pessoal feita no exercício 34 – identificar em si as competências de liderança.
- Compare as duas listas. Quais características ou comportamentos se repetem nas duas listas? Marque-as. Essas podem ser potencializadas e as demais necessitam de um plano de desenvolvimento.
- Defina a sua posição de poder ou de *performance*.

Próximo passo – Fazer autoavaliação e incluir novos comportamentos em sua identidade.

São três posições: Posição 1 – Eu; Posição 2 – O Outro; Posição 3 – Neutra.

Sempre que sair das posições 1 e 2, entrar na Posição 3 para observar as duas posições a partir do espaço Neutro.

1. EU SOU (posição 1: cadeira 1 ou espaço 1). Avalie os sentimentos, a postura, as sensações sem alterar qualquer padrão pessoal. Apenas sinta, veja e ouça durante dois minutos. Se preferir, ande pelo ambiente. Caminhar pode ser um recurso para identificar as características pessoais com maior precisão.
Ao fim de 2 minutos, interrompa a autoavaliação. Respire. Solte-se. Como se sente? Faça anotações e mude de posição. Saia do lugar em que está e ocupe o espaço Neutro.

2. NEUTRA (posição 3: cadeira 3 ou espaço 3). Assuma sua postura de poder. Você consegue se lembrar da sua autoavaliação? Quando olha de fora, como se fosse outra pessoa, o que gosta e o que deseja melhorar na posição 1? Tome nota dos *insights*.
3. *COACH* (posição 2: cadeira 2 ou espaço 2). Leia o que escreveu sobre o seu *Coach* modelo. Imagine que você é ele por dois minutos ou mais, se for necessário. A postura dele, o jeito de pensar, a forma como ele se expressa. Sinta o que ele sente, veja o que ele vê, ouça o que ele ouve.
Faça outra pausa. Respire. Solte-se. Tome nota das percepções e acesse o espaço Neutro.
4. NEUTRA (posição 3: cadeira 3 ou espaço 3). Assuma a postura de poder. Imagine que em sua frente tem uma tela exibindo o filme do que acabou de acontecer, você na posição do *Coach* modelo. O que gostaria de modelar dele? Identificou postura, pensamentos ou sentimentos que seriam úteis na posição EU SOU?
5. EU SOU. Você incluirá as novas informações na sua postura, em seus sentimentos e pensamentos. Aquilo que identificou em seu *Coach*.
Perceba como se sente. Sinta, veja, ouça.
Pause. Respire. Descontraia. Tome um café, água ou qualquer brincadeira.
6. NEUTRA. Assuma a postura de poder. Imagine que em sua frente passa outro filme do que acabou de acontecer e você é o protagonista com novos comportamentos. Observe o que mudou com a modelagem.
7. *COACH*. Mais uma vez, leia a lista de características comportamentais do seu *Coach* modelo. Pense como ele pensa, sinta o que ele sente, ouça o que ele ouve. Que outro conselho ele daria à posição EU SOU? Entre novamente na posição 1 – *Eu sou*, levando consigo o conselho do *Coach* modelo.
8. EU SOU. – Se o *Coach* lhe deu dicas, incorpore-as. Perceba como se sente incluindo esse novo comportamento ou nova característica em sua postura, sentimentos e pensamentos. Sinta, veja, ouça.

Conclusão: Pegue sua lista e descreva os padrões identificados.

1. O que aconteceu primeiro, assim que iniciou a autoavaliação?

_____
_____

2. Tem alguma imagem de você antes e depois? Como era e como ficou?

_____
_____

3. Quais são as suas características na primeira autoavaliação, na segunda e na terceira?

_____
_____

4. Consegue identificar o que mudou? Como mudou? O que envolveu: sentimentos, pensamentos, postura, respiração, autoconfiança? O que mais?

_____
_____

5. Que padrões conseguiu identificar em seu *Coach modelo*? O que sentiu ao entrar na segunda posição como se fosse seu *Coach modelo*? Qual foi a sua estratégia para levar as características da segunda posição para a primeira?

_____
_____

6. O que as outras pessoas vão notar de diferente em você?
_____
_____
_____

7. Existe voz interna? O que ela diz? Como é o tom de voz?
_____
_____
_____

8. Como está a sua motivação agora? Avalie de 0 a 5.
_____
_____
_____

     Pratique, pratique e pratique muitas vezes até ver, ouvir e sentir as mudanças.

     Anote ideias que surgirem após o exercício. Você conseguiu identificar seus pontos fortes e pontos a melhorar. Faça um plano de ação para se autodesenvolver. Esse é um dos passos para a mudança.

Dicas preciosas

Tabela 22 – Estilos de Liderança

	OS SEIS ESTILOS DE LIDERANÇA Quando usar ou evitar depende da situação		
PERFIL	**O QUE FAZ**	**USE**	**NÃO USE**
AFETIVO	Preocupa-se com questões pessoais dos funcionários	Como parte de um repertório de estilos	Em situações que exigem alto controle
DEMOCRÁTICO	Solicita a opinião e procura o consenso	Se os funcionários são capazes de decidir	Quando não há tempo para debates
MODELADOR	Serve de exemplo para os empregados	Quando o funcionário é muito motivado	Quando o volume de trabalho é muito grande
TREINADOR	Desenvolve a equipe e ensina como melhorar	Se o funcionário percebe suas deficiências	Se falta *expertise* ao líder
DIRIGENTE	Expõe diretrizes e delega a execução	Em caso de nova visão ou metas da empresa	Se a equipe é incapaz ou não confia no líder
COERCITIVO	Dá ordem e supervisiona a equipe de perto	Em crises e para tarefas simples	Quando há tempo para obter resultado

Fonte: HAY GROUP – *Época Negócios* – Março 2010 / No. 37

Observe que todos os perfis descritos na tabela têm pontos favoráveis. A chave é se autoconhecer e usar as características de modo produtivo.

Capítulo 14
Temperamentos

A palavra *temperamento* deriva do latim *temperamentum*. O significado é uma *mistura em proporções*. Essa definição traduz, exatamente, a mistura de temperamentos embutida em nós, destacando-se o perfil comportamental predominante, evidenciando os pontos fortes e oportunidades de desenvolvimento.

Conhecer os pontos fortes nos habilita a fazermos melhores escolhas e a construirmos uma vida verdadeiramente produtiva.

Descubra qual é o seu perfil predominante e potencialize a sua carreira.

Neste estudo apresento o programa SOAR – *Human development tools*, sistematizado para determinar, com rapidez e precisão, o perfil comportamental básico da pessoa.

O SOAR foi desenvolvido para ajudar gerentes, funcionários e pessoas que buscam o autoconhecimento a compreenderem os próprios traços de personalidade e a entenderem como essas características afetam a si e aos outros. O valor principal do relatório é permitir que o indivíduo perceba, de forma clara e precisa, a tendência comportamental primária e secundária e se conscientize sobre a forma como se comunica e trabalha em equipe.

Como funciona

O SOAR registra a intensidade dos quatro traços primários da personalidade: Dominante, Paciente, Extrovertido e Analítico.

A identificação acurada desses traços é a base para a informação fornecida pelo programa. A análise SOAR se aplica a:

- Estilo de liderança
- Estilo de comunicação
- Sensibilidade e possíveis reações ao ambiente
- Fatores motivadores e desmotivadores
- Uso eficaz ou ineficaz dos pontos fortes
- Nível de energia
- Ajustes ao ambiente externo
- Respostas de comportamento ao ambiente

Ao analisar o perfil comportamental, você descobrirá talentos naturais para aprendizagem, obterá novos conhecimentos e desenvolverá habilidades. Identificará os talentos dominantes e, ainda, compreenderá a linguagem e como ela afeta outros perfis. No capítulo sobre comunicação, foram abordados os diferentes perfis na visão da Programação Neurolinguística e você notou a importância de se usar a linguagem adequada ao interlocutor no processo de comunicação efetiva.

Tabela 22 – Características do Perfil **DOMINANTE**

CARACTERÍSTICAS	DESAFIO	FORTALEZAS
Direcionado aos resultados.	Antipático	Determinado
Entedia-se facilmente.	Pressionador	Independente
Gosta de desafios e mudanças.	Insensível	Produtivo
Avalia com base nas realizações.	Rude	Obstinado
Gosta de respostas diretas.	Hostil	Otimista
Detesta indecisões.	Agressivo	Visionário
Tem autoconfiança elevada.	Opinioso	Decidido
Gosta de se arriscar.		Corajoso
Possui alta expectativa em relação aos outros e a ele próprio.		
É rápido e impaciente.		
Pode ser enfático e exigente.		

Fonte: FCU –*Florida Christian University* –setembro/2011

Tabela 23 – Características do Perfil **PACIENTE**

CARACTERÍSTICAS	DESAFIOS	FORTALEZAS
Gosta de eficiência e planejamento. É tendencioso a relacionamentos profundos. Não gosta de mudanças de última hora. Não gosta de conflitos, é um pacificador nato. É um bom ouvinte. Identifica-se com a empresa. Deseja paz e harmonia. Prefere ambiente estável. Busca a lealdade. Gosta de atmosfera calma e relaxada. Importa-se com a equipe. É metódico.	Conformista Apático Inseguro Espectador Inflexível Dependente Indeciso Impertubável	Calmo Apoiador Respeitador Diplomata Disposto Prático Confiável Pacificador

Fonte: FCU – *Florida Christian University* – setembro/2011

Tabela 24 – Características do Perfil **EXTROVERTIDO**

CARACTERÍSTICAS	DESAFIOS	FORTALEZAS
Direcionado às pessoas. Prefere liberdade a detalhes e controles. Usa bem a intuição. É simpático. É amigo. Usa bem a linguagem verbal. É confiável, persuasivo e carismático. Age por impulso e emoção. É autoconfiante e se autopromove. É entusiasta. Encoraja as tomadas de decisão da equipe.	Sem força de vontade Inquieto Desorganizado Não confiável Indisciplinado Inconveniente Barulhento Egocêntrico	Extrovertido Ambicioso Caloroso Responsivo Compassivo Generoso Amigo Entusiasta

Fonte: FCU – *Florida Christian University* – setembro/2011

Tabela 25 – Características do Perfil **ANALÍTICO**

CARACTERÍSTICAS	DESAFIOS	FORTALEZAS
Organizado e voltado para o processo.	Humor	Diligente
Tende a ser perfeccionista.	Crítico	Persistente
É sistemático nos relacionamentos.	Negativo	Consciente
Valoriza a verdade e a precisão.	Rígido	Leal
Exige alto padrão de si mesmo e dos outros.	Indeciso	Idealista
Tende a se preocupar.	Legalista	Organizado
Quer saber todos os detalhes e fatos.	Vingativo	Autodisciplinado
Decide com base na lógica.	Teórico	Sério
Não expressa sua opinião, a menos que tenha certeza.		
É muito consciente e busca a qualidade.		
É racional e traça planos para resolver os problemas.		

Fonte: FCU – *Florida Christian University* – setembro/2011

Que tal uma história?

A pirâmide do sucesso
Consuelo C. Casula

Era uma vez um jovem que queria escalar uma montanha. Sabia que a viagem podia ser longa e, para não partir com muito peso, levou consigo o mínimo indispensável. Durante a longa viagem, encontrou diversas dificuldades. Sabia que devia superá-las se quisesse alcançar a meta. Para o jovem, superar as dificuldades significava aprender algo novo. Assim, cada vez que superava uma dificuldade, para lembrar-se do que aprendeu, colocava uma pedra na mochila. Quando finalmente chegou ao alto da montanha, esvaziou a mochila. Usando as pedras recolhidas durante a difícil subida, fez uma pirâmide intitulada: "A pirâmide do sucesso".

Sucesso obtido graças à superação das dificuldades.

Capítulo 15
Definindo a Missão de Vida

Não se deve esperar pela inspiração para começar qualquer coisa. A ação sempre gera inspiração. A inspiração quase nunca gera ação.
Frank Tibolt

Dedicar tempo para definir a Missão de Vida é como traçar um mapa que orientará, passo a passo, a direção do destino. É a base essencial para a construção do seu legado. Aprendizados e conquistas fazem parte desse mapa.

Quando se tem clareza da Missão de Vida, o papel a ser exercido em prol de si mesmo e de outras pessoas se torna nítido. Significa fazer, executar uma atividade que agrega valor a quem dela necessita e satisfação pessoal. Então, a vida passa a ter um sentido maior, você se sente plenamente capaz de avaliar os resultados de suas ações. A consequência é aumentar o poder criativo e o desejo de servir.

Ter essa clareza, além de ajudar a concentrar esforços em direção à realização profissional e pessoal, afasta os riscos de assumir atividades conflitantes com os seus valores morais.

Uma missão bem definida descreve o que se faz, com maestria e senso de significado. Ela é escrita e falada com o verbo de ação no infinitivo.

A minha missão de vida, por exemplo, é: "aprender e ensinar". Cheguei a essa definição após questionar-me e sentir o que realmente me deixava feliz e energizada. Escrevi e reescrevi o texto várias vezes. E foi absolutamente forte a identificação com o mundo do conhecimento, começando pelo ambiente que exerce profundo fascínio em mim. Seja no papel de estudante ou de professora, eu me sinto muito bem.

Hoje sou Facilitadora em treinamentos comportamentais, faço atendimento em *Coaching* personalizado e Constelações Sistêmicas Estruturais, sou docente em pós-graduação e escrevo. Essas atividades estão todas interligadas e mantêm-me em constante processo de aprendizagem. Eu me sinto ocupando o meu lugar, cumprindo o meu propósito.

Exercício 37 – Missão de Vida

Objetivo: Dar significado às próprias ações. A missão é o referencial maior que norteia as decisões pessoais e profissionais.

Metodologia: Responder às perguntas espontaneamente. Se desejar, faça um exercício de relaxamento antes de responder.

1. Quem sou eu? De onde venho? Para onde vou?

_____

_____

2. O que me move a fazer o que eu faço?

_____

_____

3. Que benefícios isso me proporciona?

_____

_____

4. O que eu faria diferente do que eu faço?

_____

_____

5. Qual é minha razão de ser?
_____
_____

6. Qual é o meu desejo mais profundo de realização?
_____
_____

7. Quais atividades fazem mais sentido em minha vida?
_____
_____

8 Após refletir, escreva a Missão de Vida de forma clara e sucinta. A minha missão é...
_____
_____

Exercício 38 – Definir a visão de futuro

Projetar-se para o futuro e imaginar qual marca ficou instalada na mente das pessoas sobre a sua conduta, o trabalho desenvolvido, o convívio familiar, social e profissional. A visão de futuro fornece mais subsídios para o cumprimento da Missão de Vida. No futuro, percebem-se os resultados conquistados ao longo da vida. Essa estratégia dá luz aos objetivos, que se tornam reais e nós nos tornamos autoconscientes da verdadeira Missão de Vida.

Qual é a sua visão de futuro? Como será reconhecido?
Responda às questões a seguir.

1. Como eu me vejo no futuro? (projete-se para o futuro a longo prazo)

_____
_____

2. Que diferença terei feito na vida das pessoas de meu convívio?

_____
_____

3. Do que mais me orgulharei?

_____
_____

4. Fui feliz e proporcionei felicidade às pessoas no ambiente de trabalho, à minha família, aos meus amigos?

_____
_____

5. Minha visão de futuro é...

_____
_____

      Ao responder às perguntas sobre a visão de futuro, você encontrará pistas sobre o que fará durante a jornada. Significa reconhecer ações que representam a missão de vida. Dessa forma, deixará a sua marca pessoal na memória das pessoas.

Exercício 39 – Propósito de vida

Qual é o seu PORQUÊ? O propósito é a razão da nossa existência, a força interna que nos motiva a prosseguirmos a jornada pessoal, profissional e espiritual com leveza. O propósito é aquilo que dá sentido à vida. Desconhecê-lo é como viver à deriva, buscando preencher um vazio interno que aumenta a cada dia apesar das grandes conquistas materiais. Essa busca cessará no momento em que você encontrar o lugar para chamar de seu. O lugar que proporciona bem-estar e completude. Nesse momento, as coisas mais importantes em sua vida vêm à luz e você se sentirá realmente feliz por fazer o que faz.

Acessar a resposta que esclarece "Qual é o seu porquê?" é a chave para alcançar a felicidade plena.

1. O que me faz satisfeito e feliz?
2. Do que eu sinto falta?
3. Hoje eu valorizo mais o que tenho ou o que eu sou?
4. Quem sou eu? Qual o sentido da minha existência?
5. Com base na Missão e Visão que defini, como vou beneficiar as pessoas?
6. Sobre o legado, o que eu vou deixar neste mundo?
7. O meu propósito de vida é...

Capítulo 16
As fases do *Coaching* sob o olhar do Líder-*Coach*

> *Trate as pessoas como se elas fossem o que poderiam ser e você as ajudará a se tornarem aquilo que elas são capazes de ser.*
>
> Goethe

Exercício 40 – Metodologia *Coaching* no exercício da liderança

Fase 1 – **Informações**

Esclarecer como funciona o processo do *Coaching*, "*coaching* education", quais são as responsabilidades do Líder-*Coach* e da equipe, *como*, *quando* e *onde* ocorrerão os encontros, estabelecer acordos de ética e de confidencialidade.

Ferramentas

1. Apresentação do Processo de *Coaching* – *Coaching education*.
2. Acordo de confidencialidade – Ética do *coaching*.

Sugestões de perguntas para introduzir o modelo *coaching* na gestão de equipes.

1. Quais são as expectativas atuais da equipe?
2. Existem preocupações neste momento que requerem maior atenção?

3. Que benefícios a equipe espera?
4. O que a equipe pensa sobre as atividades desenvolvidas?
5. Quais os interesses profissionais / carreira da equipe ?
6. Como você se protege de eventual instabilidade econômica?
7. Como você se relaciona com pares e colegas de equipe?
8. O que você faz no tempo livre?
9. Caso já tivesse começado a realizar os encontros no modelo *coaching*, o que a equipe e você teriam conquistado?
10. Quanto à vida pessoal, você e a equipe estão felizes?

Fase 2 – **Avaliação**

Líder-*Coach* e equipe determinam, juntos, o escopo do *Coaching*, as metas ou os temas globais dos encontros. Nessa fase são aplicadas ferramentas de avaliação do perfil comportamental e análise da situação atual. Avaliar as competências – MAAC – e diagnosticar as principais áreas da vida – MAAV. É importante relacionar os objetivos que deseja alcançar. Ao final de cada encontro, definem-se tarefas relacionadas ao objetivo.

Ferramentas

- Teste sensorial – V.A.C: Visual, Auditivo e Anestésico.
- MAAV – Mapa de Autoavaliação das Áreas da Vida
- MAAC – Mapa de Autoavaliação das Competências profissionais
- Objetivos a serem alcançados
- Tarefas
- Avaliação pessoal do encontro – Atribuir nota de 0-5, comparando o início e o final do encontro. Utilizam-se perguntas de escala para avaliar o progresso.
    1. De zero a 5, que nota vocês se dão, comparando o momento em que iniciamos a conversa e agora, ao fim do encontro?
    2. Que fatores contribuíram para essa nota? (positiva ou negativa)
    3. Se negativa, que fatores contribuíram para não ser menos "x"?
    4. Como se sente?
    5. Qual é o comprometimento com as tarefas?

Fase 3 – **Desenvolvimento**

Faz-se o alinhamento estratégico entre os objetivos individuais e os da organização, com base nas avaliações de competências e nas metas orçamentárias e de expansão. Definem-se quais são as metas prioritárias.

Ferramentas

1. Perguntas poderosas
2. *Feedback* (equipe e Líder-*Coach*)
3. Planejamento
4. Tarefas
5. Avaliação pessoal do progresso – pergunta de escala

Fase 4 – **Implementação**

Uma vez formuladas as metas, o colaborador e o Líder-*Coach* trabalharão na implementação do plano de ação, focalizando as estratégias e os recursos necessários para a execução.

Ferramentas

1. Perguntas poderosas
2. *Feedback* (Líder-*Coach* e colaborador)
3. Tarefas
4. Avaliação pessoal do progresso – pergunta de escala

Fase 5 – **Consolidação**

Líder-*Coach* e equipe trabalham na construção do planejamento autogerenciável, consolidam o processo e celebram as realizações, o aprendizado e as experiências obtidas durante as fases do processo de *coaching*. Vale destacar que o processo de *coaching* para equipe é contínuo.

Ferramentas

1. Perguntas poderosas
2. *Feedback* (*Líder-Coach* e colaborador)

3. Alinhamento pessoal
4. Metáforas
5. Celebração – *happy hour*, almoço, jantar, passeio etc

Tipos de tarefas a serem realizadas pelo *coachee* durante o processo

Indicar ações relacionadas ao tema do colaborador durante a jornada desde a situação atual, primeiro encontro, até a situação desejada.

- Filmes
- Literatura
- Grupo de estudos
- Auto-observação
- Pesquisas relacionadas aos objetivos do processo de *coaching*
- Trabalho voluntário
- Aprendizado de nova habilidade
- Envolvimento em novos projetos
- Eventos sociais e culturais
- Cursos, congressos, seminários
- Desenvolvimento de relacionamentos interpessoais
- Rede de contatos – *Network*
- Novos desafios

No processo de *Coaching* externo, no último encontro, o *coachee* se prepara para seguir nos assuntos já transformados e se torna consciente de assuntos pendentes que pedem novo ciclo de *Coaching*. No caso do Líder-*Coach*, reafirmamos que se trata de processo contínuo de desenvolvimento da equipe.

Faça *Coaching*! Prepare-se para seguir uma jornada profissional e pessoal extraordinária.

Que tal uma história?

O pavão tímido
Consuelo C. Casula

Era uma vez um tímido pavão, mas tão tímido que só abria a sua cauda escondido, para evitar que alguém o visse. Um dia esse pavão, certo de que ninguém o estava olhando, sentiu a necessidade de esticar as plumas, e fez com a cauda um belíssimo círculo.

Mas ele não estava sozinho. Próximo dali havia um grupo de naturalistas. Fascinados pela beleza, harmonia e variedade das cores de suas plumas, aproximaram-se para parabenizá-lo. Porém o pavão, intimidado, escapou. Eles o alcançaram e asseguraram que desejavam somente mostrar a admiração.

O pavão não conseguiu acreditar. Por demais vezes, um grupo de artificiais o tinha criticado quando fazia seu círculo com a cauda, gesto para ele tão natural. Os artificiais pensavam que queria se exibir, ostentando a vivacidade de suas cores, a expressividade de suas plumas, a amplidão de seu círculo.

O pavão compreendeu que os artificiais não eram capazes de entender a naturalidade de seu gesto, souberem intuir somente a ostentação.

Capítulo 17
Alinhamento Pessoal

O que há de mais constante na vida são as mudanças. Planejadas ou não, elas vão acontecer. Nesses momentos somos incitados a adotar novos comportamentos para nos adaptarmos à realidade. Em qualquer processo de mudança pessoal ou profissional, o alinhamento pessoal é recomendado para incorporar novos recursos à identidade, revisar crenças e valores.

Uma das ferramentas mais completa da PNL para o processo de alinhamento pessoal são os Níveis Neurológicos, desenvolvido por Robert Dilts, um dos grandes nomes da PNL, com base em estudos realizados por Gregory Bateson, biólogo e antropólogo por formação, grande pensador sistêmico e epistemólogo da comunicação. Essa ferramenta pressupõe que nós atuamos em seis níveis neurológicos (ou lógicos). Seguindo a hierarquia desses níveis, inicia-se do mais baixo ao mais alto, denominados: Ambiente, Comportamentos, Capacidades, Crenças e Valores, Identidade e Espiritual ou Conexão.

Existe uma hierarquia natural de classificação para as nossas estruturas mentais de aprendizagem, mudança, linguagem e sistema perceptivo. A função de cada nível é organizar e controlar a informação do nível imediatamente abaixo. Portanto, uma mudança em um nível mais alto necessariamente afetará os níveis mais baixos. Outro ponto de destaque, os problemas são solucionados um nível acima. Por exemplo, ao identificar problemas no ambiente, pressupõe-se que os comportamentos não estão adequados. Para organizar o ambiente, há necessidade de mudança nos comportamentos. Entretanto, quando a mudança ocorre nos níveis: Crença e Valores, Identidade e Espiritual / Conexão, os benefícios reverberam por todos os níveis abaixo: Capacidades, Comportamentos e Ambiente.

Líderes-*Coaches* atuam nos níveis superiores. Eles têm consciência de suas responsabilidades para influenciar mudanças e organizarem os demais níveis. Em síntese, o nível inferior dá suporte ao nível superior, enquanto este o organiza.

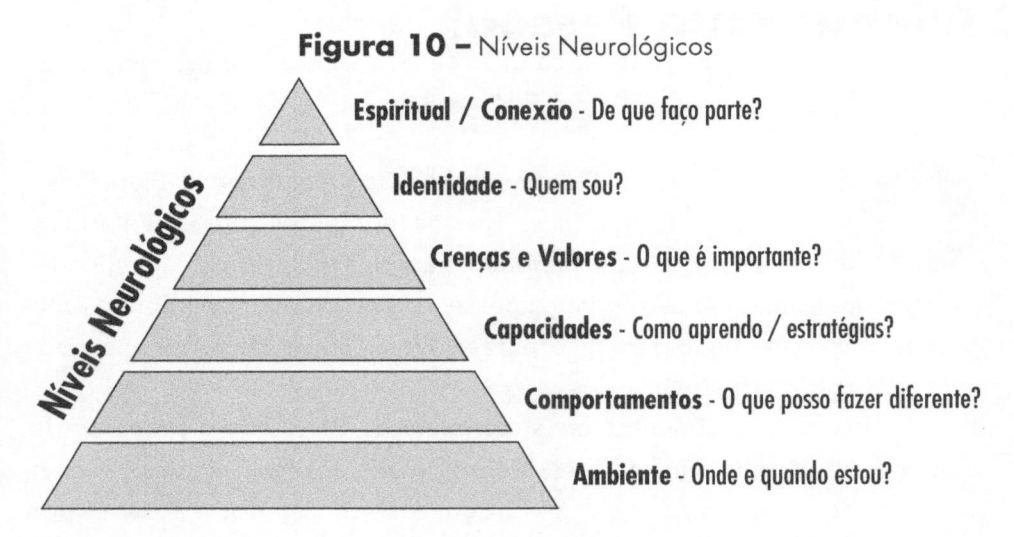

Figura 10 – Níveis Neurológicos

Níveis Neurológicos
- **Espiritual / Conexão** - De que faço parte?
- **Identidade** - Quem sou?
- **Crenças e Valores** - O que é importante?
- **Capacidades** - Como aprendo / estratégias?
- **Comportamentos** - O que posso fazer diferente?
- **Ambiente** - Onde e quando estou?

Modelo desenvolvido por Robert Dilts com base no trabalho de Gregory Bateson

Exercício 41 – Alinhamento pessoal nos Níveis Neurológicos

Objetivo: incorporar recursos à identidade ou solucionar problemas.

O Alinhamento pessoal nos Níveis Neurológicos deve ser feito sempre que ocorrer mudanças em nossas vidas, na conclusão de um curso, promoção, novo emprego, casamento, separação, inclusive ao final do processo de *Coaching* personalizado ou de equipe, considerando-se que, durante a jornada, os comportamentos, as crenças e os valores foram revisados para adequá-los ao objetivo. Portanto, o alinhamento será útil para a conscientização dos novos recursos incorporados à identidade.

A maneira eficaz de realizá-lo é definir espaços no chão, entrar literalmente em cada nível, tomar o tempo que for necessário para responder às perguntas relacionadas ao momento atual, naquele nível específico, antes de mudar para o superior.

1. CONTEXTO / AMBIENTE: Onde você está? O que vê, ouve e sente? O que percebe neste ambiente? Quais são as evidências observadas?
2. COMPORTAMENTOS: O que está fazendo? Observe seus movimentos, ações e pensamentos. Como seu comportamento de Líder-*Coach* se encaixa no ambiente?
3. CAPACIDADES: Quais são as habilidades profissionais? Quais são as estratégias mentais? Qual é a qualidade do seu raciocínio? Como percebe a habilidade em comunicação, *feedback*, *escuta ativa* e perguntas? O que você faz bem em qualquer contexto?
4. CRENÇAS E VALORES: O que é importante para você? Acredita que vale a pena fazer o que faz? Que crenças fortalecedoras tem a seu respeito? Que crenças fortalecedoras tem sobre as outras pessoas? Que princípios toma como base de suas ações?
5. IDENTIDADE: Qual é a sua missão na vida? Que tipo de pessoa você é? Quem é você como Líder-*Coach*? Crie uma metáfora que represente você agora. Que símbolo ou ideia vem à mente: Eu sou como...
6. CONEXÃO / ESPIRITUAL: Pense em como você está conectado a todos os seres vivos e a tudo o que acredita estar além de sua vida. Tome o tempo que for necessário para obter o sentido e o significado nesse nível. Que metáfora melhor expressaria o seu sentimento nesta posição?
7. Volte, passo a passo, levando consigo a metáfora, os sentimentos intensificados, suas crenças e valores. O que é importante agora? Em que acredita? Em que deseja acreditar? Quais crenças e valores expressam sua identidade de Líder-*Coach*? Quais capacidades você identificou e incorporou? Quais comportamentos são adequados para organizar o ambiente? Como está o ambiente? Como se sente?

Procure refletir sobre as mudanças que aconteceram e as que deseja implementar no novo contexto, você na função de Líder-*Coach*.

Capítulo 18
Self Coaching – Afinal, para que mudar o que está funcionando?

*Você está fazendo o melhor possível e,
provavelmente, pode fazer melhor.*

Esse é um dos pressupostos do *Coaching* que nos move em direção ao aprendizado contínuo. O líder de hoje não pode se dar ao luxo de parar de aprender, simplesmente porque acumulou experiências suficientes ao longo da carreira. No mercado globalizado, experiências consolidadas fazem parte das exigências curriculares mas, para manterem-se ativos, os profissionais precisam de um plano consistente de desenvolvimento para se adaptarem rapidamente às mudanças. Assim como jovens profissionais que estão ingressando no mercado, plenos de competências técnicas, exibindo um currículo recheado de MBAs, multi-idiomas, também devem se valer do processo de *Coaching* para o aperfeiçoamento de suas competências ou desenvolvimento de outros atributos essenciais para desempenharem as atividades com maestria.

Com vistas a esse cenário, o processo de *Coaching* torna-se fundamental para o autodesenvolvimento, direcionamento de carreira, equilíbrio pessoal e profissional. O líder se abastecerá de recursos para imprimir um novo modelo de gestão, capaz de gerar aprendizado para a equipe, fomentar crescimento com alto potencial de desempenho.

O propósito de incluir neste manual o *Self Coaching* é apoiar o líder em sua jornada para ampliar as escolhas. Nesse sentido, o próprio Líder-*Coach* se desafia a encontrar respostas para as questões mais profundas, utilizando-se das ferramentas do *Coaching*. Entretanto, o trabalho conduzido pelo *coach* certificado aumentará as possibilidades tanto de ressignificar experiências do passado como apontar, na história do líder, momentos em que obteve sucesso nos empreendimentos e coletar informações úteis a serem aplicadas em novos projetos.

O método é semelhante ao processo conduzido pelo *coach* certificado. Começa pela investigação do momento atual, fator de grande relevância para desenhar o futuro. É uma maneira de entender qual é o ponto de partida para se atingir os objetivos.

O maior ganho dessa atividade, a meu ver, é tornar-se profundo conhecedor do processo quanto aos resultados e adquirir autoconfiança para oferecer o melhor de si aos seus funcionários. Além disso, a pessoa poderá equilibrar as áreas da vida, desenvolverá inteligência emocional, ampliará a percepção de si e do mundo que o cerca. Essas competências são essenciais para o *coach* desenvolver seu trabalho com maestria.

Self Coaching é autodesenvolvimento

Quando predispomos a nos autoconhecer, colocamo-nos na posição de um viajante percorrendo caminhos cobertos de experiências, ainda pouco explorados. Essa jornada se faz por meio de observação dos pensamentos, sentimentos e atitudes. A tarefa não é fácil. Motivo pelo qual incluímos técnicas de relaxamento para ajudar a iluminar a parte escura do caminho. A chave é praticar.

O *Coach* ou Líder-*Coach* deve situar-se no "agora", com o corpo e a mente no mesmo lugar. Em estado de presença, os sistemas sensoriais se ativam e proporcionam aumento da capacidade de escuta consciente e o poder de percepção por meio da linguagem corporal.

Para quem ainda não está habituado à prática de relaxamento ou meditação, nas primeiras experiências poderá encontrar dificuldades. Seja persistente. O ideal é dedicar-se, de dez a quinze minutos por dia, antes de dormir ou quando acordar. A prática regular tornará o exercício fácil e natural.

Exercícios para concentração

Exercício 42 – A arte de respirar conscientemente.

Benefícios: Concentração, presença e bem-estar.
Se desejar, coloque uma música tranquila, de sua preferência.
Recomendações:
Desligue o celular. Defina o tempo em que se dedicará à prática do relaxamento.

Passo a passo

1. Sente-se confortavelmente.
2. Coloque a atenção em sua respiração. Respire profundamente três vezes.
3. Respire naturalmente. Perceba o ar entrando pelas narinas, preenchendo os pulmões e saindo pelo nariz com suavidade.
4. Observe se há pontos de tensão nos ombros. Relaxe-os.
5. Sinta sua coluna apoiada na cadeira. Perceba a postura. Permita que a respiração ajuste sua postura. Relaxe!
6. Relaxe os músculos da face e do pescoço.
7. Apenas preste atenção em sua respiração e, com suave curiosidade, sinta as sensações que a respiração produz em seu tronco.
8. Mantenha a atenção em sua respiração, até sentir a mudança em seu estado interno.

A respiração é o combustível que nos mantém vivos, conecta-nos com o "agora", elimina possível ansiedade, faz-nos presentes.
O estado de presença é um dos requisitos do *coach*. Aumenta a capacidade de percepção de si, do ambiente e das pessoas.

Exercício 43 – Observação sensorial – Visual, Auditivo e Cinestésico

A técnica a seguir ajuda a aumentar a capacidade de percepção de experiências pessoais e das outras pessoas, assim como auxilia na concentração.

Objetivo: Exercitar os sentidos: VER, OUVIR e SENTIR separadamente.

1. Escolha um lugar tranquilo onde você possa exercitar os sentidos separadamente.
2. A primeira experiência é observar o mundo **visual**, como se fosse um filme sem som ou cinema mudo. Escolha um ambiente e observe as imagens durante um minuto.
3. Feche os olhos e recorde as imagens observadas, como se estivesse fechando o álbum de fotografias que acabou de ver.
4. Respire. Solte-se sacudindo os braços ao longo do corpo.
5. Em seguida, desligue-se das imagens e se ligue no mundo **auditivo**. Perceba todos os sons do ambiente durante um minuto.
6. De olhos fechados, relembre os sons percebidos. Como se estivesse desligado o rádio após ouvir a música preferida e ela continuasse tocando na mente.
7. Respire. Solte-se sacudindo os braços ao longo do corpo.
8. Por último, preste atenção às sensações. Esse é o mundo **Cinestésico**, que se refere aos estímulos externos: a brisa, os cheiros, o toque, inclui os sentimentos (interno). Faça isso durante um minuto.
9. Feche os olhos e reviva as sensações, como se pudesse recordar o cheiro da comida da avó ou o calor do abraço de pessoas queridas.

Após realizar o exercício, observe o que mudou, como se sente, quais facilidades e dificuldades foram percebidas para o aperfeiçoamento. Em geral, as pessoas têm mais facilidade de captar informações com o sentido de sua preferência, VISUAL, AUDITIVO ou CINESTÉSICO. Todos já definidos no capítulo "Comunicação".

O Processo de *Self Coaching*

> *Aprender é a única maneira de que a mente nunca se cansa, nunca tem medo e nunca se arrepende.*
> **Leonardo da Vinci**

No processo *Self Coaching* é importante perceber como se sente no estado atual, de que maneira altera o estado emocional, à medida que avança nas perguntas e processa as respostas.

Antes de iniciar seu processo de *Self Coaching*, atribua nota de 0 a 5 ao momento atual, à automotivação. Ao finalizar o exercício, avalie se ocorreram mudanças e atribua outra nota. O resultado da automotivação poderá manter-se igual, menor ou maior e você vai analisar o que ocorreu durante a reflexão que proporcionou o resultado.

Exercício 44 – Perguntas são respostas no *Coaching*

Objetivo: Autoconhecimento e compreensão dos passos, para promover a mudança do perfil de líder para Líder-*Coach*, avaliando os níveis lógicos do conhecimento.

Faça seu autodiagnóstico.

1. O que estou disposto(a) a mudar em mim, para me tornar Líder-*Coach* neste **ambiente**? (contexto)
2. Quais são os **comportamentos** essenciais para que eu possa exercer a função de Líder-*Coach*? (comportamentos)
3. Quais **comportamentos** já possuo?
4. Quais **comportamentos** necessitam ser desenvolvidos?
5. Quais são as minhas **capacidades** como Líder-*Coach*, para desenvolver uma equipe de alto desempenho? (capacidades)

6. Que **competências** eu já possuo para me tornar Líder-*Coach*?
7. Que **competências** necessito desenvolver para tornar-me Líder-*Coach*?
8. Quais são as minhas **capacidades**, como Líder-*Coach*, para gerar resultados extraordinários?
9. Quais são minhas **convicções** e **valores** como Líder-*Coach*? (crenças e valores)
10. **Quem sou** eu? Qual é a minha metáfora como Líder-*Coach*? (identidade)
11. **Quem** se beneficiará comigo na função de Líder-*Coach*? (espiritual)
12. **Quem** mais?
13. **Quem** mais?
14. Por que ser Líder-*Coach* é importante para mim? (relevância)

Permita que as respostas fluam naturalmente. Escreva o que vier à mente, sem se preocupar com certo ou errado. *Coaching* é aprendizagem.

Você pode estar se questionando: Por que repetir a pergunta? Quem mais? Poderá acrescentar quantas mais desejar. A cada vez que fizer a pergunta "Quem mais?", outras respostas surgirão.

O "porquê" veio em último lugar propositalmente. Essa pergunta revela o valor por trás do objetivo, identifica a relevância do Líder-*Coach*.

Até aqui abordamos a preparação para iniciar o processo em si. Agora é hora de se autoavaliar, de definir objetivos.

Diagnóstico: MAAV – Mapa de Autoavaliação das Áreas da Vida

Tabela 26 – Pilares das áreas da VIDA

Profissional	Financeiro
Saúde	Emocional
Família e amigos	Social
Romance	Espiritual

Exercício 45 – Diagnosticar os principais Pilares da Vida

Objetivo: Tomar consciência da atenção dispensada a cada um dos Pilares da Vida e adotar um plano de ação para equilibrar o MAAV.

Metodologia

1. Pegue uma folha de papel ou caderno, desenhe um círculo de tamanho médio, metade da folha. Divida-o em oito partes iguais, semelhante à figura das páginas anteriores, tópico MAAV.
2. No centro do círculo, coloque "zero" seguindo o raio; por fora, coloque "cem por cento" na borda.
3. Escreva os nomes dos pilares, do lado de fora do círculo.
4. Defina a **Nota Ideal** para cada pilar. Marcando um ponto no raio dentro do círculo, escreva a nota do lado de fora, diante daquele pilar.
5. Avalie como se encontram as áreas mais importantes de sua vida, no **momento atual**. Marque no raio dentro do círculo e escreva a Nota Atual por fora, junto à Nota Ideal.
6. Após atribuir notas *ideal* e *atual* em cada um dos pilares, una os pontos ideal com ideal; atual com atual.
7. Observe se o círculo interno, situação atual, gira. Se não girar, é porque há pilares importantes a serem trabalhados imediatamente.
8. Em seguida, aplique a fórmula: Nota ideal – Nota atual = X. Para resultados inferiores a oitenta por cento, preparar plano de ação para equilibrar os pilares, de forma que o MAAV – Mapa de Autoavaliação das Áreas da Vida – possa girar.

Sugestões de perguntas para avaliar os pilares no momento atual.

1. Profissional
   - O quanto se sente satisfeito com sua profissão?
   - O quanto está preparado para assumir novos postos?

2. Saúde
   - Tem feito exames preventivos?
   - Visitou o dentista?
   - Pratica atividade física?
   - Sua alimentação é saudável?
3. Família e amigos
   - Qual é a qualidade da atenção dedicada à família e aos amigos?
   - O quão próximo se sente aos seus pais, irmãos, filhos, parentes e amigos?
   - Costuma reservar tempo para escutá-los?
4. Romance
   - Quão próximo está de seu cônjuge ou namorado(a)?
   - O quanto está satisfeito com seu relacionamento?
   - Como avalia a qualidade da atenção dedicada de um para o outro?
   - Você e seu cônjuge ou parceiro(a) se sentem cúmplices?
   - Surpreendem um ao outro? Tem admiração?
5. Financeiro
   - O quanto está satisfeito com suas finanças?
   - Costuma poupar quantos por cento da renda mensal?
   - Está preparado para enfrentar emergências?
   - Como planeja sua aposentadoria?
   - Como distribui a renda familiar, considerando-se: despesas fixas, variadas, poupança, doações, lazer, emergências etc
6. Emoções
   - Como está o seu controle emocional?
   - Conversa sobre emoções com família, colaboradores, amigos?
   - Demonstra seus sentimentos?
   - Percebe o sentimento das outras pessoas?
7. Social
   - O quanto tem participado de atividades sociais?
   - Você tem sido convidado para eventos sociais?
   - De quantos eventos sociais participou nos últimos três meses?

8. Espiritual
   - O quanto tem colaborado com a sustentabilidade?
   - O quanto se dedica ao desenvolvimento de outros?
   - Como está a sua conexão com o Criador?

Plano de ação

Exercício 46 – Ações para equilibrar o MAAV

Objetivo: Fazer a roda girar a partir de ações congruentes com os pilares avaliados abaixo de 80%.

Selecione três pilares avaliados com notas inferiores a 80%, estabeleça uma meta-desafio para cada um deles.

A meta-desafio deve ser realizável, fácil de ser cumprida. Ela motivará a continuação do processo.

Exemplo: Pilar Social – assuma o compromisso de agendar *happy hour* com amigos, colegas de trabalho ou família; Pilar Saúde – aproveite a oportunidade e agenda uma visita ao médico; Pilar Financeiro – faça revisão em seu orçamento.

Após executar as tarefas para elevar a nota dos três pilares abaixo de 80%, planeje outras ações para alinhar todas as áreas avaliadas. Revise seu MAAV regularmente.

Exercício 47 – Transformar sonhos em objetivos

Objetivo: Organizar seus sonhos profissionais e pessoais para transformá-los em objetivos realizáveis, descrevendo-os, posteriormente, no modelo SMART: Específico, Mensurável, Atingível, Relevante e Temporal.

Descreva os seus sonhos de curto, médio e longo prazos

Tabela 27 – Sonhos

Sonhos	Curto Prazo: até 12 meses dia/mês/ano	Médio prazo: de 2 a 5 anos dia/mês/ano	Longo prazo: acima de 5 anos dia/mês/ano
1-			
2-			
3-			
4-			
5-			
6-			
7-			
8-			
9-			
10-			

Essa tabela é um modelo para registrar sonhos a serem transformados em objetivos de curto, médio e longo prazos.

Relacione todos os sonhos, desde aquisições de bens, viagens, aprendizagem, organização pessoal, finanças, profissão, relacionamentos, saúde, lazer até cuidados pessoais, leitura, entre outros.

Exercício 48 – Estratégia para priorização

Objetivo: Priorizar e definir estratégias para a realização dos desejos.

Como priorizar: Avalie os benefícios imediatos. Identifique ganhos e possíveis perdas. Os objetivos que resultarem em mais ganhos ou benefícios terão prioridade no planejamento.

1. Dentre os objetivos de curto prazo, qual será planejado em primeiro lugar?
2. Dentre os objetivos de médio prazo, qual será planejado em primeiro lugar?
3. Dentre os objetivos de longo prazo, qual será planejado em primeiro lugar?

Depois de identificar os primeiros objetivos, faça a mesma coisa com os segundos, terceiros; assim, sucessivamente. Em seguida, aplique o modelo SMART para especificar, definindo ações e datas para realizar.

Exercício 49 – Perguntas para esclarecer objetivos

Objetivo: Conscientizar-se dos benefícios que os objetivos lhe trarão.

Metodologia:

Escreva dez perguntas para cada um de seus objetivos.
Repita, ao final de cada pergunta, o objetivo a ser alcançado.
Essas perguntas devem ser respondidas, espontaneamente, dois dias após terem sido escritas.

Sugestões de perguntas

1. O que estou disposto(a) a mudar em mim para alcançar o objetivo de

_____

2. Como vou saber que estou conseguindo alcançar o objetivo de

_____

3. Quais são as evidências que terei quando alcançar o objetivo de

_____

4. Quais são os recursos necessários para alcançar o objetivo de
___

5. Que recursos eu já tenho disponíveis para alcançar o objetivo de
___

6. Em que acredito quando penso em alcançar o objetivo de
___

7. Qual a relevância desse objetivo?
___

8. Quem vai se beneficiar com esse objetivo?
___

9. Quem mais?
___

10. Quem mais?
___

Conclusão

Nas páginas anteriores, você teve acesso a ferramentas transformadoras do processo de *Coaching*, conheceu técnicas para se desenvolver e apoiar o desenvolvimento das outras pessoas.

Ao exercitar o *Self Coaching*, estará se preparando para assumir as funções do Líder-*Coach*, incorporando novas habilidades e comportamentos em sua identidade. Agora pode compreender a importância do estado de presença, de manter o corpo e a mente no mesmo lugar, para aumentar a percepção de si e do outro. O autoconhecimento ampliará o mapa da experiência pessoal. Isso significa um novo olhar para velhos temas e certa curiosidade em relação ao futuro. Terá como benefício o aprimoramento da comunicação, dos relacionamentos, das estratégias para estruturar ou gerenciar projetos. Terá mais mecanismos para formar equipes autoconscientes, inspiradas, comprometidas com os resultados e alinhadas com o propósito da organização.

Incluí, na sequência, um capítulo sobre *Estrutura Sistêmica Organizacional – Constelações Estruturais, uma abordagem diferenciada no processo de Coaching*, no qual narro uma experiência pessoal.

Uma jornada de duzentos quilômetros começa com um passo.

Provérbio Chinês

Capítulo 19
Constelações Sistêmicas Estruturais

Desvelando mistérios da nossa história, liberando-nos para viver o que deve ser vivido.
No início de 2016, dediquei-me a aprender sobre as Constelações Sistêmicas Estruturais, numa imersão de nove dias. Lá pelo terceiro dia, fui surpreendida com uma observação do professor em um dos intervalos.

Ele me disse:

– Noscilene, você é uma pessoa que chega no horário, está sempre atenta mas, quando vou fazer uma demonstração, eu não a vejo. E eu sei que você está aqui. Já percebeu se há alguma questão em sua vida impedindo você de ser vista?

– Nossa, mestre, nunca observei isso! Vou refletir.

– Faça isso!

– Obrigada. Eu não sabia que tinha o poder da invisibilidade – brinquei.

Naquele mesmo dia comecei a investigar, com mais curiosidade, a minha história pessoal e profissional para identificar experiências nas quais eu me sentia invisível ou fora do lugar. Durante a reflexão, pude me lembrar de situações desconfortáveis ocorridas quando eu trabalhava no mercado financeiro. Às vezes, eu me sentia ocupando uma posição que não me pertencia. Mas essa pista era somente a consequência, não a causa. Então, revivi a história familiar, desde a infância. Foi quando acessei uma memória importante. A primeira filha de meus pais, irmã mais velha, morreu aos sete meses de idade.

No dia seguinte, levei a informação ao professor. Ele ouviu, silenciou-se por um instante, como se buscasse uma conexão e disse:

– Aceita uma técnica para entender essa situação? Vamos ver se é a pista que buscamos.

– Aceito e agradeço, mestre. Será importante para mim entender o que me impede de ser vista.

– Sim. É importante – concluiu.

Fizemos um trabalho individual e foi revelador. Reconheci a posição da irmã mais velha e a agradeci. Eu me senti leve e muito feliz ao dar lugar a ela. Depois reverenciei a minha mãe e a mãe dela, que é a minha avó. Em seguida, devolvi a elas o que era delas. Peguei de volta o meu lugar.

O mais interessante dessa história é que meus irmãos e eu sabíamos da existência de uma irmã antes de nós, mas ela não estava incluída no sistema. Sempre consideramos sete irmãos e não oito, como era a realidade.

Depois dessa experiência, eu me senti aliviada. Entreguei a ela a responsabilidade de ser a irmã mais velha. Passei a ser a segunda irmã, na posição de quarto filho. Portanto, mais leve. Meus dois irmãos, que vieram antes de mim, em vez de serem o primeiro e o segundo, passaram a ser o segundo e o terceiro. A caçula, na posição sete durante anos, passou a ser a oitava. Nós nos tornamos conscientes de quem somos e cada um ocupa o seu lugar dentro do sistema familiar. Eu sinto a minha vida mais fluída. Tenho a sensação de que a jornada está bem direcionada e segura. Eu pertenço! Eu sou parte!

O resultado de uma constelação pode proporcionar autoconfiança, motivação, leveza e clareza sobre o destino. Em geral, as pessoas passam a ter um novo olhar para aquilo que em tese já conheciam, mas não sabiam como solucionar. Passam a entender que as coisas tiveram que ser como foram. E, a partir de agora, podem fazer outras escolhas.

Eu me convenci dos benefícios das Constelações Sistêmicas Estruturais.

Você deve estar se perguntando: De onde vêm as Constelações? O que significa Constelação, exatamente?

Capítulo 19 – Constelações Sistêmicas Estruturais

As constelações Sistêmicas familiares, que representam uma nova abordagem da Psicoterapia Sistêmica, foram criadas pelo alemão Bert Hellinger, um dos psicoterapeutas mais inovadores do mundo. As constelações buscam identificar a causa de um problema familiar ou empresarial recorrente. O autor chama essa situação de *emaranhamento*, que significa reviver inconscientemente o destino de alguém que viveu antes de nós.

Já as Estruturais, Estrutura Sistêmica Organizacional, foram criadas por Matthias Varga Von Kibéd, filósofo e matemático e Insa Sparrer, psicóloga com experiência em organizações corporativas, em meados dos anos 90, também na Alemanha. O casal tomou por base o trabalho reconhecido de Bert Hellinger, assim como as Esculturas familiares de Virginia Satir. A Dra. Virgínia Satir foi grande influenciadora das Constelações Estruturais, assim como foi o modelo estudado na PNL.

Matthias e Insa desenvolveram estruturas lógicas ou mentais, princípios ou valores. São mais de cem formas de Constelações estruturais à disposição do facilitador que, através de breve entrevista, identifica a estrutura mais adequada ao tema trazido pelo cliente. O facilitador consegue destacar os elementos essenciais que serão representados na Constelação. Os elementos constelados no campo da Constelação apresentam uma gramática espacial. A partir da compreensão dela, o facilitador começa a fazer intervenções.

As Estruturas Sistêmicas, as quais organizam e profissionalizam o processo das constelações, têm o poder de transformar pessoas, empresas e a profissão, elevando o nível de consciência dos participantes.

Todos nós pertencemos a um sistema e cada um tem uma hierarquia. Referindo-se ao sistema familiar, no topo da hierarquia estão o pai e a mãe, que nos deram o maior presente que podiam nos oferecer: a vida. Isso é muito. Recebemos deles páginas e páginas em branco para escrevermos a própria história. Só que nem sempre nos damos conta disso e repetimos os padrões que eles viveram, talvez repetindo padrões de seus ancestrais. Nesse sentido, as Constelações cumprem o propósito de esclarecer os emaranhamentos familiares e de nos conscientizar de que somos plenamente capazes de sabermos o que é melhor para nós.

Princípios Sistêmicos

Os três Princípios básicos das Constelações Sistêmicas devem ser respeitados, no sistema familiar ou no empresarial. Quando os princípios são ignorados, causam grandes distúrbios, conflitos e dores em escala individual e coletiva.

- **O primeiro princípio se refere à Pertinência:** Todos têm o igual direito de pertencer.

    Pertencer à nossa família é uma necessidade básica. Esse vínculo é o desejo mais profundo. A necessidade de pertencer a ela vai além, até mesmo da necessidade de sobreviver. Isso significa que estamos dispostos a sacrificar a entrega da nossa vida pela necessidade de pertencer a ela. (HELLINGER, p. 12)

- **O segundo princípio é o Equilíbrio:** refere-se ao ato de dar e receber em igual proporção.

    Dar um ao outro igualmente e, igualmente, receber um do outro; significa que precisam um do outro e satisfazem um ao outro na mesma proporção; e cada qual reconhece e respeita de modo idêntico as funções e valores do outro. (HELLINGER, A Simetria ocupa do amor, p. 60)

- **O terceiro princípio é a Ordem:** significa que há uma hierarquia de tempo, na qual os mais antigos têm prioridade, vêm em primeiro lugar; os mais novos, depois.

    O ser é estruturado pelo tempo. O ser é definido pelo tempo e através dele recebe o seu posicionamento. Quem entrou primeiro em um sistema tem precedência sobe quem entrar depois. Sempre que acontece um desenvolvimento trágico em uma família, uma pessoa violou a hierarquia do tempo. (HELLINGER, p. 37)

Constelações Estruturais e o *Coaching*

O *Coaching* sistêmico é uma abordagem inovadora para diagnosticar e solucionar situações que envolvem relacionamentos, vínculos e conexões, competências, tais como: liderança, foco em resultados, trabalho em equipe, motivação, comunicação, *feedback*, planejamento da carreira, autodesenvolvimento, conflito entre pares e outras questões.

Durante a jornada de *Coaching*, o *coach* introduz a abordagem da Constelação Sistêmica Estrutural individual, utilizando-se de figuras representativas, servindo-se de visualizações ou da linguagem, para trazer ao *coachee* uma nova visão de seu momento atual e *insights* para possíveis soluções.

No campo das constelações, existe ressonância. Todos os participantes atuam na mesma frequência, deixando emergir informações relevantes através dos sentidos, sensações e sentimentos. Os representantes se colocam a serviço do cliente. Desde o momento em que aceitam o convite e são constelados, assumem o papel com o propósito de esclarecer o tema do cliente.

Em atendimento individual, o próprio *coachee* ou cliente se posiciona no lugar de cada um dos representantes, vivenciando a experiência por meio dos sentidos. Ao final do trabalho, terá clareza sobre o que estava emaranhado e saberá quais ações serão executadas em direção ao objetivo.

No meu caso, após receber a técnica aplicada pelo meu professor, entendi que as Constelações Estruturais Sistêmicas vieram, em 2016, como um chamado ao qual eu não poderia mais recusar. Adiei por muitos anos a decisão de me tornar "Consteladora" ou facilitadora, mesmo tendo adquirido o conhecimento na primeira certificação em *Coaching*, em 2007, *Integrative Systemic Coaching*, que incluía no conteúdo as Constelações Sistêmicas familiares. Desde então, continuei a estudar e a praticar o que aprendia, mas eu me posicionava como *coach* que sabia constelar, não como Consteladora. Os *coachees* se beneficiavam da aplicação da abordagem sistêmica e conseguiam compreender o emaranhamento do tema trabalhado. Ainda assim, eu negava ser Consteladora.

Percebe, caro leitor, aqui está mais uma pista de que eu não ocupava o meu lugar. Todavia aceitei o chamado e estou seguindo a jornada. Completei a certificação internacional em 2017. Incorporei o conhecimento à minha identidade e no portfólio de produtos da *People Training* – Treinamentos, *Coaching* e Estruturas Sistêmicas Organizacionais.

A Estrutura Sistêmica é um produto transformador e forte aliado do *Coaching*, o qual atua nas questões pessoais e profissionais, estimulando as pessoas a seguirem a vida mais confiantes e com clareza de propósito.

"Eu te dou um bom lugar."
Frase sistêmica de Iriam Damas

Considerações gerais

Mudanças se concretizaram na vida de Laila. Hoje ela consegue ser mais produtiva profissionalmente, dedica tempo de qualidade à família e cuida de si. Perguntei como ela se adaptou à mudança. *"Não foi fácil* – ela me disse – *Tive que refletir muito sobre o meu estilo de vida. Abri mão de coisas que pareciam grudadas em mim. Na realidade, eu era péssima em delegação. Aprendi a me desapegar das tarefas e dei adeus à supermulher"*.

A "nova" Laila acorda cedo, leva os filhos à escola duas vezes por semana – antes era tarefa só do marido -, faz uma hora de Pilates e segue para o trabalho. Eventualmente, ela fica na empresa após o expediente, exceção ao fim do mês para o fechamento das metas. Porém, jantar com a família tornou-se prioridade. Outra atitude dela, desde 2014, é conciliar as férias do trabalho com as férias escolares dos filhos, para viajar em família.

Parabenizei a minha amiga pelos resultados de sua decisão. Naquele instante, Laila confessou: *"Falando sério, se eu fosse o Marcus eu teria pedido separação. Pra minha sorte, ele é diferente de mim. Marcus sempre foi compreensivo comigo, embora me alertasse para diminuir o ritmo de trabalho, jamais deixou de me apoiar. Eu percebo no olhar dele o quanto está feliz com a nova "eu". Sou, realmente, uma nova mulher, cheia de energia e vitalidade. Agora, quando eu me lembro daquele acidente, eu agradeço pela intenção positiva. Mudei o comportamento, resgatei a minha família e estou feliz "*.

O segredo para encontrar o equilíbrio pessoal e profissional não está escrito em nenhum livro de autoajuda. Cada pessoa tem o segredo dentro de si. Para encontrá-lo, basta se conectar, se auto-observar, ou seja, praticar o autoconhecimento.

Pressupostos do *Coaching*

1. O cliente ou *coachee* tem as respostas; o *coach*, as perguntas.
2. Não existem falhas, somente *feedback*.
3. Nós temos todos os recursos necessários ou podemos criá-los.
4. Todo comportamento tem um propósito.
5. Ter uma opção é melhor do que não ter nenhuma.
6. Você faz o melhor possível e, provavelmente, pode fazer melhor.
7. Você cria a própria realidade.
8. *Coaching* é uma parceria com sinergia.
9. Relacionamentos são mais do que a soma de duas partes.
10. Se quiser entender, aja!
11. O *coachee* tem escolhas.

O que significa PNL – Programação Neurolinguística?

Programação refere-se à maneira como organizamos as ideias e as ações para produzirmos resultados.

A parte **Neuro** reconhece a ideia fundamental de que todos os comportamentos nascem dos processos neurológicos da visão, audição, olfato, paladar, tato e sensação. Percebemos o mundo por meio dos cinco sentidos. Nossa neurologia inclui não apenas os processos mentais invisíveis, mas também as reações fisiológicas, ideias e acontecimentos. Corpo e mente formam uma unidade inseparável: um ser integral.

A palavra **Linguística** indica que usamos a linguagem para ordenar os pensamentos e comportamentos e nos comunicarmos com os outros.

Descoberta na década de 70, por John Grinder e Richard Bandler, a PNL nos proporciona o autoconhecimento e melhor compreensão do mundo que nos cerca. É aplicável na vida e nos negócios e podemos afirmar que pessoas melhores se transformam em profissionais excelentes.

Aplicabilidade da PNL: Negócios, Saúde, Esporte, Educação, Autoconhecimento, *Coaching*, Comunicação, Planejamento, entre outros.

Glossário

Tabela 28 – Termos e significados

Termos	Significados
Ambiente	Primeiro nível dos Níveis Neurológicos. É o lugar em que estamos ou frequentamos: trabalho, residência, social, cultural.
Auditivo	Relativo ao sentido da audição. Em PNL, representa a preferência do indivíduo quanto à maneira de se comunicar e de aprendizagem. O Auditivo aprende ao escutar.
Capacidades	Terceiro nível dos Níveis Neurológicos. Refere-se à estratégia bem-sucedida para realizar uma atividade. Uma habilidade desenvolvida, também uma forma habitual de pensar.
Causa e efeito	Forma linguística que associa uma causa X a um efeito Y.
Cinestésico	Sensações táteis e sensações internas como: emoções lembradas e o senso de equilíbrio. Em PNL, representa a preferência do indivíduo quanto à maneira de se comunicar e de aprendizagem. Cinestésico se aprende por meio da prática.
Coach	Pessoa certificada para conduzir o processo de *Coaching*. Apoia e orienta o *coachee* em sua jornada, de maneira ética e confidencial.
Coaching	Processo de desenvolvimento pessoal e profissional, estruturado de modo personalizado para atender às necessidades do *coachee*. Focaliza situações do presente e planeja o futuro.
Coachee	Pessoa que passa pelo processo de *Coaching*.
Comparação	Metaprograma de avaliação da informação que dá sentido a uma nova experiência.

Comportamentos	Segundo nível dos Níveis Neurológicos. Refere-se a qualquer maneira de agir, inclusive de pensar, notada por outras pessoas.
Congruência	Concordância observável entre o que a pessoa diz em relação ao que ela pratica. Na linguagem não-verbal, é quando o movimento do corpo acompanha a palavra: SIM, move a cabeça para cima e para baixo.
Consciente	Qualquer coisa na consciência no momento presente.
Consequência imaginada	Forma linguística que consiste em imaginar o pensamento da outra pessoa.
Constelações Estruturais	Abordagem que permite acessar as dinâmicas que estão funcionando em um sistema, para compreendê-las, corrigi-las e dar chaves à solução.
Contexto	Cenário específico: tempo, local, pessoas, objetos etc.
Crenças	Generalizações que fazemos sobre outros, sobre o mundo e sobre nós mesmos, que se tornam princípios operacionais. Agimos como se fossem verdadeiras.
Deleção / omissão	Representa um dos filtros da comunicação. Deixamos de dizer uma parte da experiência.
Desequiparação	Padrões de comportamentos diferentes daqueles utilizados pelos interlocutores. É útil quando há necessidade de interromper o diálogo.
Diálogo interno	Falar consigo mesmo sem verbalizar.
Digital (adjetivo)	Em PNL, diz-se Auditivo Digital pessoas capazes de processar a informação, olhando para baixo, à esquerda, antes de responder a uma pergunta.
Distorção	Um dos filtros da comunicação. Relativo a mudar a experiência. Quando alguém faz um retrato falado, poderá distorcer a realidade dos fatos.
Ecologia	Preocupação e exploração das consequências gerais de seus pensamentos e ações. Internamente tem a ver com a congruência e incongruência.
Eliciar	Provocação ou evocação de uma forma de comportamento, de um estado ou de uma estratégia.

Glossário

Equiparação	Adotar parte do comportamento, das habilidades, crenças e valores da outra pessoa para aumentar o *rapport*.
Espelhamento	Equiparação exata das partes do comportamento da outra pessoa.
Espiritual	Último nível dos Níveis Neurológicos. Conexão maior, ampla, abrange todo o sistema, a ecologia do ser. Vê além da identidade.
Estado	Soma de nossos pensamentos, sentimentos, emoções e energia física e mental.
Feedback	Resultados das ações que retornam para influenciar mudanças ou fortalecer bons comportamentos.
Flexibilidade	Um dos Pilares da PNL. Ter escolhas e poder de decisão mantendo a integridade.
Generalização	Um dos filtros da comunicação. Relativo ao processo, por meio do qual uma experiência específica representa toda a classe ou todo o grupo de experiências.
Identidade	Quinto nível dos Níveis Neurológicos. Autoimagem e autoconceito. Quem você se considera ser.
Incongruência	Estado de não estar em *rapport* consigo mesmo, gerando conflito interno, expresso no comportamento. Faz diferente do que prega.
Inconsciente	Tudo o que não está na mente consciente, no momento presente. É o conjunto dos processos mentais que se desenvolveram sem intervenção da consciência.
Índice Referencial	Informações de terceiros ou do ambiente que embasam uma tomada de decisão.
Intenção positiva	Propósito positivo subjacente a qualquer ação ou crença.
Líder-*Coach*	Profissional que exerce liderança *Coaching*.
Liderança *Coaching*	Estilo de liderar no modelo *Coaching*.
Liderar ou Conduzir	Influenciar a outra pessoa a seguir seu raciocínio por meio de *rapport*.
Mapa da realidade	Representação do mundo singular de cada pessoa, construída a partir de suas percepções e experiências individuais.

Meta	A palavra *Meta* vem do grego, significa "*acima*" ou "*além*".
Metáfora	Comunicação indireta por meio de história ou figura de linguagem. Em PNL, abrange histórias, parábolas e alegorias.
Metamodelo	Conjunto de padrões de linguagem e de perguntas que unem a linguagem à experiência.
Modelagem	Processo de discernir a sequência de ideias e comportamentos que permite outras pessoas realizarem a atividade com a mesma classe de qualidade. É a base da PNL.
Modelo	Descrição prática de como funciona um processo.
Níveis Neurológicos	Diferentes níveis de experiências: ambiente, comportamentos, capacidades, crenças e valores, identidade e espiritual / conexão (além da identidade)
Operador Modal	Verbo que modifica o sentido de outro verbo. Exemplo: poder, dever, ter que...
Pilares da PNL	Pressuposições, resultados, *rapport*, flexibilidade e *feedback*.
Pistas de acesso	Maneiras pelas quais ajustamos nossos corpos através da respiração, postura, gestos e movimentos oculares.
Pressuposições	Ideias ou crenças que são pressupostas. Um dos Pilares da PNL.
Programação Neurolinguística	Estudo da excelência humana e da estrutura da experiência subjetiva.
Quantificador universal	Palavras como *todos*, *ninguém*, *sempre*, *nunca* generalizam para um conjunto mais vasto.
Rapport	Relacionamento de confiança e de respeito consigo e com os outros. Um dos Pilares da PNL.
Recursos	Qualquer coisa que possa ajudar a pessoa a alcançar resultados. Fisiologia, estados, pensamentos, crenças, estratégias, experiências, pessoas, eventos, bens, lugares e história.
Sistema representacional	Diferentes canais para representarmos as informações internas, utilizando os sentidos: Visual, Auditivo e Cinestésico (sensação corporal), olfativo e gustativo.
Valores	Fatores pessoais relevantes: Confiança, Família, Honestidade, Ética, Amor, Caráter, Respeito, Integridade etc.

Bibliografia Consultada

BOHLANDER, George, SNELL, Scott e SHERMAN, Arthur. *Administração de Recursos Humanos*. Thomson, 2003.

BUCKINGHAM, Marcus e CLIFTON, Donald O. *Descubra Seus Pontos Fortes*. Sextante, 2006.

CABY, F. *El Coaching*. Editorial de *Vecchi*. 2004

CARUSO, David R. e SALOVEY, Peter. Yale University. *Liderança com Inteligência Emocional*. M.Books, 2007.

CASULA, Consuelo C. *Metáforas*. Qualitymark, 2005.

CHARAN, Ram. *O Líder Criador de Líderes*. Elsevier, 2008.

COVEY, Stephen R. *O 8.º Hábito*. Elsevier, 2005.

DILTS, Robert B., EPSTEIN, Todd e DILTS, Robert W. *Ferramentas para sonhadores*. Rocco, 2004.

GELB, Maichel J. *Aprenda a Pensar com Leonardo da Vinci*. Editora Ática, 2000.

HELLINGER, Bert e HOVEL, Ten Gabriele. *Constelações Familiares*. Cultrix, 2010

HELLINGER, Bert, WEBER Gunthard e BEAUMONT Hunter. A Simetria Oculta do Amor. Cultrix, 2006

LAGES, Andrea & O'CONNOR, Joseph. *Coaching com PNL*. Qualitymark, 2006.

LONGIN, Pierre. *Aprenda a liderar com a Programação Neurolinguística*. Qualitymark, 2004.

O'CONNOR, Joseph. *Manual de Programação Neurolinguística PNL*. Quilataram, 2006.

OLIVEIRA, Jayr Figueiredo at al. *Profissão Líder*. Editora Saraiva, 2006.

PHRONESIS, J. M. *Liderança, Motivação e Cooperação*. Jardim dos Livros, 2007.

ROBBINS, Anthony. *Desperte Seu Gigante Interior*. Best Seller, 2010.

SENGE, Peter M. *A Quinta Disciplina*. Editora Best Seller, 1990.

STÉFANO, Rhandy Di. *O Líder-Coach*. Qualitymark, 2005.

STONER, James A. *Administração*. Rio de Janeiro: Prentice-Hall do Brasil, 1985.

Referências utilizadas

Apostila Formação internacional em Constelações Estruturais, Ribeirão Preto, 2017.

Critérios de Excelência 2010, FNQ.

Critérios, Compromisso com a Excelência e Rumo à Excelência 2008. FNQ

Falas Sistêmicas, Iriam Damas.

Revista *Época Negócios*. Ano 3. Março 2010 / No 37. P. 28.

Revista *Época Negócios*. Ano 4. Julho 2010 / No 41. P. 91 e 98.

RIVERA, L. *Historia del Coaching*. Coaching Magazine de España. 2005

www.felicidadeinternabruta.org.br 28 de setembro de 2011 FIB na teoria. www.visaodofuturo.org.br 28 de setembro de 2011 – dimensões do FIB.

(http://micro-leituras.blogspot.com.br/2011/09/contos-sufis-nasrudin.html)

https://exame.abril.com.br/carreira/10-competencias-que-todo-professional-vai-precisar-ate-2020/

https://projetodraft.com/verbete-draft-o-que-e-mundo-vuca/

DVS EDITORA

www.dvseditora.com.br